출간에 도움을 주신 분

ㄱ영호가타리나 · 가마꾼과파란숨 · 가윤아빠 · 감나무 · 감자타다 · 강경남 · 강경덕 · 강나현 · 강다현 ·
강대원 · 강덕경 · 강도환 · 강동연 · 강동형 · 강민성 · 강민웅 · 강민호 · 강병구 · 강봉국 · 강샛별 · 강서현 ·
강성모 · 강성목장 · 강성욱 · 강성진 · 강성철 · 강소영 · 강승임 · 강시현 · 강신정 · 강신환 · 강원준 ·
강유정 · 강유진 · 강윤선 · 강윤성 · 강은경 · 강인아 · 강일성 · 강정은 · 강제이 · 강준석 · 강지나 · 강지혜 ·
강찬회 · 강채원 · 강태헌 · 강태혼 · 강향임 · 강혁구 · 강현규 · 강혜숙 · 강혜원 · 강혜인 · 강호석 · 강호정 ·
개딸누르 · 개미핥기 · 건우지우아빠 · 김경성 · 검은표범 · 견석기 · 견유진 · 경남광범진성진영 ·
경민 선영 수현 수 · 경상도개딸 · 경지영 · 계양구민 최정원 · 고 · 고광림 · 고방실 · 고영미 · 고영일 ·
고영주 · 고요한바람 · 고운철 · 고윤숙 · 고은영 · 고은정 · 고장훈 · 고정훈 · 고진주 · 고창달맞이꽃 ·
고척동구일역주민 · 고현경 · 고희경 · 골든명멍 · 곰자지선경슈 · 공영훈 · 공용근 · 공익추구형 일꾼 ·
공인호 · 공진아 · 공혜성 · 곽경환 · 곽보선 · 곽선호 · 곽지환 · 곽현경 · 곽형근 · 광명을 이현종 ·
광진을김지연 · 구구와 무무 공주 · 구라미소석원 · 구름커피한스푼 · 구미온돌(박효홍) · 구본준 ·
구연미 · 구예은 · 구윤호 · 구은영 · 구은혜 · 구인회 · 구진천 · 구현오 · 국길호 · 국민의대통령재명타 ·
국민이주인 · 권경록 · 권경은 · 권귀진 · 권기석 · 권김솔하 · 권니라 · 권달중 · 권미라 · 권성동 · 권성일 ·
권솔 · 권수진 · 권순욱 · 권승희김호순 · 권신일 · 권아영 · 권여나 · 권연호 · 권영주 · 권오혁 · 권은정 ·
권의석 · 권일 · 권정민 · 권종윤 · 권준호 · 권중석 · 권지영 · 권지현 · 권태희김주언 · 권한나 · 권혁빈 ·
권혜민 · 권혜정 · 권혜진 · 권화옥 · 극단산책 이승환 · 금화당 수은공주 · 기민영 · 기지영 ·
기프트코리아 안승혁 · 길리현 · 길에서 만난 봉훈 · 김 헌 · 김강 · 김건우 · 김경량 · 김경만 임경애 ·
김경민 · 김경숙 · 김경식 · 김경윤 · 김경은 · 김경인 · 김경철 · 김경혜 · 김경호 · 김경희 · 김관우 · 김관정 ·
김광화 · 김광훈 · 김국화 · 김규남 · 김규태 · 김근오 · 김근자 · 김금란 · 김기연 · 김기웅 · 김기원 · 김기철 ·
김기태 · 김꽃님 · 김나경 · 김나연 · 김나영 · 김나현 · 김남수 · 김남은 · 김남정 · 김다정 · 김다혜 · 김다희 ·
김달성 · 김대경 · 김대원 · 김대준 · 김대중이재명대한민국 · 김대호 · 김도경 · 김도도 · 김도연 · 김도영 ·
김도완 · 김도헌 · 김도현김수현 · 김도형 · 김도희 · 김동건전시현 · 김동균 · 김동엽 · 김동원 · 김동일 ·
김동한 · 김동호 · 김동희 · 김두생여사께바칩니다 · 김라떼 · 김리리 · 김리현 · 김막점 · 김명곤 · 김명옥 ·
김명호 · 김봉심 · 김무성 · 김무용 · 김문정 · 김미경 · 김미경95 · 김미나 · 김미림 · 김미선 · 김미영 ·
김미진 · 김민박성진 · 김민범 · 김민서 · 김민선 · 김민수 · 김민정 · 김민희 · 김범석 · 김범준 · 김범진 ·
김병국 · 김병기 · 김병석 · 김병인 · 김병철 · 김병포 · 김보경 · 김보라 · 김보람 · 김보미 · 김보민 · 김보현 ·
김복현장예나 · 김봉주 · 김빈애 · 김빵시 · 김상민(TAZ) · 김상정 · 김상호 · 김상훈 · 김상희 · 김새순 ·
김서연 · 김서율 · 김서은 · 김서진 · 김석술 · 김석우 · 김석종(늘비) · 김선 · 김선경 · 김선규 · 김선기 ·
김선순 · 김선아 · 김선영 · 김선표 · 김선학 · 김선희 · 김성동 · 김성신 · 김성욱 · 김성운 · 김성원 · 김성은 ·
김성재 · 김성주 · 김성준 · 김성한 · 김성혜 · 김세길 · 김세리 · 김세린 · 김세미 · 김세희 · 김소담 · 김소영 ·

김소원·김소원(昭元)·김소율미·김소정·김소형·김솔·김솔아·김솔이·김송이·김수민·김수연·
金洙喜·김수정·김수진·김수호·김숙희·김순성·김순자·김순혜·김슬기·김승균·김승남·김승모·
김승민·김승호·김시현·김신·김신남·김아름·김애경·김애라·김애희·김양이·김어리·김어진·
김언영·김여민·김연석·김연수·김영관·김영국·김영권·김영돈·김영란·김영림·김영민·김영복·
김영삼·김영석·김영수·김영순·김영애·김영우·김영준·김영진·김영칠·김예리·김예찬·김옥임·
김완·김요다·김용석·김용안·김용일·김용주·김용철·김용호·김우겸·김우성·김욱·김원지·
김유근·김유리·김유성·김유정·김유진·김윤·김윤경·김윤미·김윤식·김윤아·김윤재·김윤주·
김윤중·김윤진·김은강·김은경·김은교·김은영·김은정·김은진·김은하·김의정·김의준·김이랑·
김이연·김인석·김인영innnyi·김인주·김인호·김일환·김자현·김장현·김재균김수현김세인·
김재민·김재범·김재인김해인·김재향·김재형·김재훈·김재희·김정규·김정근·김정림·김정만·
김정문·김정선·김정섭/공주·김정욱·김정은·김정초·김정훈·김정희·김종국·김종만·김종미·
김종범·김종용·김종진·김종현·김주영·김주향·김주형·김주홍·김주희·김준래·김준령·김준영·
김준휘·김중함·김지범·김지선·김지성·김지수·김지숙·김지술·김지안·김지연·김지영·김지온·
김지원·김지은·김지인·김지현·김지혜·김지환·김지후·김진·김진경·김진석(시원)·김진섭V·
김진아·김진하·김진희·김차현·김창식(청암)·김창원·김채연·김철산·김춘호·김치열·김치즈·
김쿠몽·김탁훈·김태경·김태균·김태영·김태은·김태일·김태준·김태효·김태훈·김태희·김토순·
김푸름·김필수·김필순·김한길·김한슬·김한진·김해영·김향숙·김향희·김헌민·김혁진·김현수·
김현우·김현정·김현준·김현지·김현진·김현철·김형섭·김형숙·김형준·김형훈·김혜경·김혜림·
김혜성·김혜신·김혜인·김혜인 한영혜·김혜진·김호선·김호수·김홍래·김홍석·김홍식·김화영·
김효선·김효성·김효영·김효정·김효주·김휘동·김희수·김희숙·김희정·깊은산·깐돌이 아빠·
꼬미언니·꽃길만걸어재명·꿈실현각·끄니나와콩콩이들·ㄴㅇㄹ·나경숙·나두나두·나리보리또리·
나상원·나연옥·나우슬·나유하·나하나·낙타와 고래·날개·날아영준·남가온·남건우·남궁민욱·
남궁윤배·남규랑·남기혁·남두형·남보라·남상종·남순호·남우주·남지윤·남철남효원전은선·
남혜원·남효민·낯선사람·내두번째아버지·내리는비·내소원은 이잼 대통·넉넉한 언덕·노경자·
노국한·노민정·노승원·노연주·노은수·노재승·노재현·노지혜·노현택·노형남·노혜성·노혜진·
누누사우루스·눈내린아침·다 잘될거야·다다·다다린다·다둥맘방영숙·다롱아사랑해·
다시대한민국·다예도윤시윤지연태균·다울아빠 이용수·다윤·다현다희아빠·닥터오·닥터홍·
달리는유성·대룡맘·대한국인 이윤빈·대한민국대통령이재명·대한민국아 살자·더밍·덕구삼촌·
데이지·도경아빠김세훈·도그도우터·도리엄마·도윤아빠·도탈쪽구리·도해윤·도형창·
동네강사 영백이·동물실험반대·동선희정지현·동아자동차유리박호윤·두민아·둥이검이·
디자인조각소·디포르·또치네멍뭉이·똘맹이와까꿍이네·뜨거운라면·라파엘윤·람다윪는염소·
레마·로토구라퍼·로잉로잉·룰킨토시·류광식·류광일·류금효·류기형·류동엽·류미란·류일규·
류제열 박경아·류준·류준석·류지원·류현지·류혜영·류호진·리지이·린아빠·린이민이·

린이아빠 · 릴릿 · 마음을듣는치과의사 · 마주영 · 마중물 · 매일그대와 · 맹고 · 메리골드 ·
명란 설 린 차연 · 명량대첩박상석 · 명미란 · 명보시시 · 명수현 · 모든것이제자리에있길 ·
모든날모든순간이재명 · 모유향 · 모헬리 · 목마른돼지 · 목요일오호라 · 무소의뿔처럼이병엽 ·
무현이니재명 · 문갑주 · 문경자 · 문광용 · 문다예 · 문병민 · 문서준 · 문선형 · 문성기 · 문성지 · 문성철 ·
문수영 · 문수철 · 문아라 · 문용승 · 문은주 · 문이치 · 문인길 · 문정옥 · 문정인 · 문종혁 · 문지영 ·
문평한의원 박상현 · 문현진 · 문홍준 · 문환이 · 문희영 · 물좋은삼천포 · 물질만냥 · 뭉볼 · 미니여니 ·
미소 · 미솔 · 미안하지만해내줘 · 미정동화 · 미카엘라 · 민경훈 · 민다홍 · 민동우 · 민병진 · 민봉희 ·
민성준 · 민성호 · 민수근아지오 · 민시로 · 민아설아사랑해 · 민연희 · 민예솜 · 민재홍 · 민정연 ·
민주시민 김규원 · 민주시민이얏호 · 민주시민제준 · 민주여성 · 민주원 · 민주주의자 구민준 · 민지현 ·
민진우 · 민채아빠 · 민철홍 · 민홍아빠 · 밍나초 · 밍밍이 · 밍키언니 · 바다유리 · 바다의별 · 바람은영 ·
바람의공심 · 바른숲 · 박가희 · 박갑선 · 박건호 · 박건희 · 박경아 · 박계성 · 박광훈 · 박광희 · 박국주 ·
박규님 · 박기남 · 박기량 · 박기범 · 박기역 · 박기연 · 박꽃핀 · 박나경 · 박노곤 · 박누리 · 박덕수 · 박동민 ·
박두진 · 박명선 · 박명성 · 박명희 · 박문석 · 박미성 · 박미연 · 박미영 · 박미정 · 박미향 · 박미현 ·
박미현 가족들 · 박민경 · 박민선 · 박민지 · 박병건 · 박병규 · 박병정 · 박병찬 · 박부남 · 박부리 · 박상석 ·
박상우 · 박상필 · 박상희 · 박서아 · 박선경 · 박선미 · 박선아 · 박선정 · 박선형 · 박성덕 · 박성민 · 박성윤 ·
박성종 · 박성진 · 박성호 · 박성환 · 박성희 · 박세권 · 박세연 · 박세원 · 박세훈(달팽이) · 박소리 · 박소연 ·
박소형 · 박솔희 · 박송희 · 박수미 · 박수민 · 박수빈 · 박수아 박서진 친부 · 박수영 · 박수정 · 박수진 ·
박수진파랑풍선 · 박수하 · 박순민 · 박순재 · 박아름 · 박아림 · 박연임 · 박연주 · 박영근 · 박영미 · 박영진 ·
박영태 · 박예림 · 박예지 · 박옥열 · 박왕옥 · 박용운 · 박유선 · 박윤자 · 박윤지 · 박은정 · 박일권 · 박자은 ·
박재수 · 박재신 · 박재욱 · 박재인 · 박재홍 · 박정민 · 박정빈 · 박정영 · 박정화 · 박정훈 · 박제범 · 박종민 ·
박종보 · 박종원 빛의혁명 완 · 박종천 · 박주리 · 박주신 · 박주연 · 박주은 · 박주현 · 박준형 · 박준효 ·
박지수 · 박지안김태현 · 박지영 · 박지우 · 박지욱 · 박지웅zw · 박지원 · 박지향 김민우 · 박진완 · 박진우 ·
박진희 · 박짜장 · 박찬곤 · 박찬정 · 박찬형 · 박창국 · 박채원 · 박채희 · 박철 · 박초아 · 박충희 · 박태선 ·
박태원 · 박한결 · 박한얼 · 박해랑 · 박현 · 박현수 · 박현정 · 박현조돗가비 · 박현진 · 박현희 · 박형준 ·
박혜경 · 박혜라의딸 · 박혜영 · 박혜원 · 박혜정 · 박혜진 · 박혜진말피파피남일동 · 박홍식 · 박효정 ·
박효준 · 박홍식 · 박희덕 · 박희진 · 반건우 · 밝은미래이 · 밝은미래일 · 밤밤 · 밥톨 · 방은희 · 방학진 ·
배경완 · 배경화 · 배낭은 · 배루카 · 배미경 · 배병권 김수현 · 배서희 · 배석희 · 배선명 · 배성숙 · 배성우 ·
배성필 · 배실비 · 배윤진 · 배은영 · 배은현 · 배인희 · 배일희 · 배정희 · 배준열 · 배진우 · 배현준 · 백경화 ·
백대원 · 백상현 · 백선아 · 백성기 · 백슥쟂 · 백승모 · 백승원 · 백종우 · 백종호 · 백지연 · 백지영 · 백지현 ·
백창범 · 백훈 · 버영 · 법무사 김종억 · 법천 이금순 · 벼꽃 · 변성규 · 변소형 · 변수영 · 변지선 ·
변지우한용택 · 변창성 · 별빛찬란 · 보라홉 · 복은겸 · 복정규 · 봄이왔섭 · 봉다리이모 ·
봉동 제일식자재마트 · 봉모지영 · 봉이와다연이 · 부수연 · 북방계소녀 · 브레디와 토니 ·
빅레인 이태우 · 빛나는별 · 빛이나 · 뽀미엄빠 · 사랑합니다 · 사렌마마 · 사삼봄연구자 방선미 ·

사쿠라인 문재인 · 사쿠라인 싸쥴러 · 사회복지사 고한용 · 산나그네 · 살아서 · 삼전에물림 · 상리 ·
상범민영맘 · 상정달루코설시 · 상철정아 · 새오 · 생감자 · 샤이가이 · 서가현 · 서경원 · 서경은 · 서나연 ·
서도 정우전 · 서도희 · 서동현 · 서동희 · 서미선 · 서민기 · 서민영 · 서민지 · 서서희 · 서선주 · 서수현 ·
서승건 · 서영의 · 서우성 · 서우종 · 서우진 · 서원덕 · 서원득 · 서유리아 · 서율맘 · 서은준 · 서일광 ·
서일권 · 서정세영 · 서정원 김초아 · 서종연지강현 · 서지현 · 서현승 · 서현옥 · 서현지 · 서혜정 · 서혜진 ·
서호석 · 서화정 · 서효정 · 석민승아정우 · 석장의 등불 · 석지수 · 석찬희 · 석희민희연서연채 · 설이유니 ·
성광환 · 성기남 · 성우라현 · 성윤기 · 성윤석 · 성은진 · 성주현 · 성현 · 성홍주 · 성효현 · 세동세은아빠 ·
세연아빠 · 션슈의세상을위해 · 셩이랑뭉이랑 · 소경국 · 소셜희 · 소연관용 · 소유정 · 소크라홍 · 소프 ·
손광진 · 손근익 · 손대호 · 손미원 · 손민수 · 손성기 · 손성실 · 손수정 · 손시은 · 손은희 · 손종하 · 손주영 ·
손지민 · 손지영 · 손지원 · 손지인 정성헌 · 손창호 · 손혜섬 · 손혜정 · 손휘영 · 손희경 · 솜짱짱이 · 송강 ·
송꼬꼬 · 송누리 · 송다경 · 송대섭 · 송리하 · 송명진 · 송미애 · 송미진 · 송민수 · 송민희 · 송병규 · 송봉규 ·
송세은 · 송송이 · 송승록 · 송승훈 · 송시훈 · 송영재 · 송원 · 송유라 · 송은숙 · 송이병 · 송재경 · 송재원 ·
송절동백로 · 송정아 · 송정학 · 송정회 · 송주봉 · 송지연 · 송지현 · 송지호 · 송지훈 · 송해민 · 송해인 ·
송혜경 · 송휘근 · 송희경 · 송희정 · 송희준 · 수빈 · 수연 · 수원김지연 · 수원모미 ·
수지대동세상억강부약 · 수현 · 수호랑반다비 · 순간의나이쓰 · 순할순 · 슈크림 · 스마일 · 스크루지 ·
승현정현윤서 · 시몬 · 시연ㅣ시아 항상웃자 · 시율민율대한민국 · 시준예준맘 · 시진아빠영란남편 ·
시한시후시엘 · 신광종 · 신근식 · 신기형 · 신나라 · 신노을 · 신다영 · 신동환 · 신미경 · 신미화 · 신민들레 ·
신민정 · 신민혜 · 신보경 · 신비 · 신상원 · 신서영 · 신선화 · 신소라 · 신수경 · 신수연 · 신수진 · 신애일수 ·
신옥섭 · 신용희 · 신우용 · 신원종 · 신유승 · 신은영 · 신은우 · 신은정 · 신은희 · 신재관 · 신재현 · 신조웅 ·
신종호 · 신주환 · 신준현 · 신지선 · 신지숙 · 신지영 · 신초록 · 신하나 · 신한결 · 신행윤 · 신현복 ·
신현철.정민주 · 신형준 · 신호철 · 심건욱 · 심규웅 · 심근창 · 심널별 · 심문섭 · 심미선 · 심상준 · 심용 ·
심윤지 · 심재환 · 심주석 · 심주연 · 심준혁 · 심해슬 · 심홍섭 · 쏘뚜나다먼로아녜스 · 아나콘다 ·
아놀드TW · 아니거 · 아두리가(이국순) · 아르민영 · 아름다운청년 구자운 · 아리 · 아살 · 아스라이 ·
아정산 · 아준아현 · 안균섭 · 안다슬 · 안대하 · 안동주 · 안동__정준호 · 안명석 · 안미란 · 안보람 · 안석호 ·
안성훈 · 안성희 · 안수호 · 안순목 · 안승태 · 안신명 · 안양희 · 안예영 · 안용준 · 안유빈 · 안재희 · 안정남 ·
안정민 · 안정원 · 안정훈이혜진 · 안제민 · 안종선 · 안중원 · 안지은 · 안창균 · 안현경 · 안현미 · 안현식 ·
안혜경 · 안호진 · 알밤젤리 · 알파카의 인생 · 압도적감사 · 앗늉 · 앙스타광고비냅니다 · 약산 · 양광주 ·
양금화 · 양민진 · 양복숙 · 양상오 · 양선영(보리) · 양성희 · 양수경 · 양승헌 · 양승희 · 양연옥 · 양우람 ·
양윤미 · 양윤정 · 양윤희 · 양재승 · 양재훈 · 양재희 · 양창현 · 양치호 · 양한모 · 양현수 · 양혜경 · 양희명 ·
양희선 · 어경진 · 어린재명이토닥토닥 · 어재호 · 어쩌다 · 어현숙 · 억강부약 대동세상 · 언어를그리다 ·
엄동진 · 엄은희 · 엄준식 · 엄준형 · 엔학고레 · 엘리엇 · 여광 김유신 · 여성인권 · 여소연 · 여진여은 ·

이재명의 길

이재명의

**소년공에서 대선 후보까지,
그들의 악마 이재명이
걸어온 길**

ㅂ|아ㅂㅜㄱ
ViaBook Publisher

《고려사》원고를 끝내고 나서 한상준 비아북 대표와 해방 후의 현대사를 작업하기로 약속했다. 해방 직후를 다룬 책들을 구입해 쉬엄쉬엄 공부해가고 있었는데 지난해 연말이 다가올 무렵 한 대표가 이재명 민주당 대표의 이야기를 그리면 어떻겠냐고 제안해왔다. 이재명에게 쏟아지는 비방과 오해를 바로잡고, 인간 이재명에 대해 바로 알리는 작업을 해보자는 것이었다. 이재명에 대해 관심을 갖고 그가 당하는 억울한 일들에 분개해왔던 터라 반쯤 동의했다. 현대사 작업을 하는 사이사이 자료를 준비하여 다음 대선이 열리는 2027년 이전에 출간하면 되겠지 싶었다.

그리고 얼마 안 있어 12·3 비상계엄이라는 만화 같은 상황을 만났다. 여의도에서 열린 탄핵집회에서 의회가 대통령의 탄핵이 의결되었음을 선포하는 것을 본 순간 계획을 접기로 했다. 머잖아 파면이 확정되고 조기대선이 치러질 게 뻔한데, 그사이 책으로 묶을 수 있을 만큼의 분량을 작업하기는 어려우리란 현실적인 이유 때문이었다.

그런데 거리에 '이재명은 안 된다'는 플래카드가 나붙는 걸 보면서 마음을 바꿨다. 작업 속도와 정치 일정을 보건대 어쩌면 이재명의 성장기까지, 잘해봐야 성남시장 시절까지밖에 그릴 수 없다고 판단하면서도 그냥 작업을 하기로 결심했다. 적어도 '이재명' 하면 가장 먼저 따라붙는 꼬리표인 '전과 4범', '형수 욕설'의 전후 상황은 담아낼 수 있으리라 보았고 그 정도로도 나름의 의미가 있으리라 생각했다. 다만 책으로 엮을 분량까지는 안 되겠기에 적당한 인터넷 매체를 찾아 연재를 할 요량이었는데, 예상

보다 정치 일정이 늦어지면서 한 권의 책으로 나오게 되었다.

처음에는 충분히 시간을 갖고 만화 평전으로 작업할 생각이었으나 시간이 부족해 이재명이 걸어온 길을 소개하고 그에게 덧씌워진 주요한 오해들을 해명하는 데 집중했다. 그마저도 몇 가지 논란들은 제대로 다루지 못했다. 성남시장 이후의 시간을 너무 간략하게 소개할 수밖에 없어서 아쉬움이 크다. 오해 해명에 방점을 두다 보니 정작 그의 정책과 업적들에 대한 소개도 스쳐 지나가듯 할 수밖에 없었다. 헌법재판소의 탄핵 선고가 이렇게까지 늦어질 줄 알았다면 그런 부분들까지 좀 더 세세히 그려낼 수 있었겠지만, 출간일이 약속된 터라 이 정도에서 마무리하게 되었다.

정치인 이재명의 삶과 그가 그리는 세상을 담는 데엔 턱없이 부족하겠으나 이재명에 대한 오해를 벗기고 악마화 프레임 너머의 진실을 알리는 데 조금이나마 도움이 되었으면 하는 바람으로 이 책을 세상에 내놓는다. 이재명을 아끼는 지지자들에게 작은 응원이 되고 나아가 주변을 설득하는 도구로 쓰였으면 좋겠다.

2025년 4월

박 시예

[차례]

소년공, 인권변호사, 성남시장, 경기도지사,
민주당 대표를 역임한 이재명을 두고
쏟아붓는 말들이다.

남들이 중학교를
다닐 나이에
공장을 다녀야
했던 사람.

그 현실을 이겨내고
검정고시를 거쳐
대학엘 가고

사법고시를 합격해
스물여섯에
변호사가 된
입지전적 인물.

혼자 잘사는 길로 가는 대신
어릴 적 고생했던 성남으로 돌아와
옛 벗인 노동자와 시민을 위해
줄기차게 싸운 인권변호사.

정치에 뛰어들더니 성남시장이 되어
시민을 위한 행정으로 높은 지지를 얻었고

9

경기도지사가 되어선 수사기관의 숱한 수사 압박과 재판 일정을 치러내면서도

광역단체장 중에서 압도적으로 지지율 1위를 기록할 만큼 도민의 사랑을 받았던 사람.

이재명 지사가 또 1위를 기록한 가운데\\\

와! 취임 초엔 거의 꼴찌였는데.

이쯤 되면 악마와는 도무지 교집합이 있어 보이지 않는데 사람들은 왜 그를 악마로 확신하는 걸까.

이재명이란 존재가 장차 위협이 되리라 본 이들에 의해 악마로 그려지고 선전되었기 때문이다.

그들은 대체 왜 그런 걸까?

기득권과 타협 없이 싸워왔기 때문이다.

기득권과 타협 없이 싸워 이겨왔기 때문이다.

더 이상 자라면 매우 매우 매~우 위험해.

더 자라지 못하게 철저히 밟아야 해.

위협을 느낀 정치 세력, 언론, 검경 등 공권력이 이심전심의 협공을 편다.

법으로 죽일 수 있으면 깔끔하지.

분위긴 우리가 잡아놓을 테니 걱정 마셔.

언론의 의혹 제기, 갖가지 고소·고발, 압수수색, 소환 조사에

시민단체 .....
이재명 고발

지검 이재명 소환

이재명 압수수색

단독 이재명 측근

이재명 의혹

피의사실 유포와 확대 재생산이 이어졌다.

검찰이 결정적 증거를 잡은 듯.

시사 이슈

이랬다카데.

저랬다는 거 아닙니까?

축소, 과장, 왜곡,

잘라내기, 짜깁기,

없는 사실 끼워넣기 등
현란한 편집 기술이 총동원되었다.

캬~ 역시
악마를 만드는 데엔
악마의 편집이
ㅋㅋ

이렇게 악마화를 하면
국민들이 혐오할 테고

혐오자가
다수가 되면
정치인으로선
끝이지.

그들은 오늘도 저주를 멈추지 않지만
기대한 결과엔 이르지 못한 듯하다.

악마화는
유례없을 정도로
했는데

왜 안 죽지?

'악마'가 된 '인간' 이재명의
인생 속으로 들어가보자.

이런 나라에 살고 싶다

권력과 기회를 독점한 소수만을 위한 나라가 아니라
평범한 국민들이 희망을 갖고 살아가는,
공평하고 공정한 나라
노동이 존중받고 노동의 대가가 정당하게 주어지는 나라
농민이 홀대 받지 않고 농업이 중시되는 나라
사회적 약자들이 차별받지 않고,
어느 누구도 억압받지 않는 나라
비록 흙수저로 태어나도 미래의 희망을 꿈꿀 수 있는 나라
재난과 재해로부터 안전하고, 전쟁 걱정 없는 평화로운 나라
위대한 국민이 다시 세운 위대한 대한민국

촛불을 든 국민들의 눈동자에 어린
그런 자랑스러운 나라에 살고 싶다.

《이재명, 대한민국 혁명하라》, 이재명(2017)

1장

성장기

산골 소년

1970년대, 경북 안동시 예안면의
두메산골인 도촌리 지통마.

아이들은 6킬로미터가 되는
산길을 걸어 학교에 갔다.
왕복 30리 길.

아이들 중에 소년 이재명도 있었다.

일기가 많이 나쁘면 학교에 갈 수 없었고
적당히 나쁘면 가지 않을
핑계가 돼주었다.

3학년이 되던 해 아버지는
하나 남은 재산인 밭을 팔아치우고
서울로 떠나고

어머니 홀로 남의 밭일을 하며 자식들을 키웠다.

모든 게 늘 부족했다.

재명은 육성회비를 제때 낼 수 없었고
준비물들은 아예 가져갈 생각도 못 했다.

그 시절 선생님들은 왜 그리 쉽게 손이 올라갔을까?

어린 나이에도 부당함을 느낀
재명은 고개 숙이지 않고
선생님을 똑바로 쳐다보았다.

준비물을 가져오지 않아,
남들은 풍경화를 그리러 나가면
홀로 남아 화장실 청소를 하곤 했다.

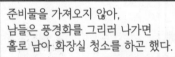

여름날의
재래식 화장실은
구더기 세상.

암모니아 냄새는
또 얼마나
지독했던가.

그렇다고 재명의 어린 시절이 마냥 불행했던 것은 아니었다.

엄마~

엄마가 있어서였다.
학교를 마치고 돌아오면 언제나 엄마부터 찾았고

내 왔다.

어서 오니라.
우리 재맹이 별일 없었드나?

엄마 품에 안겨 재롱을 떨었다.

헤헤

점바치가 그라든데 니는 난중에 크게 될끼라 했다.
우리 재맹이 덕에 내가 호강한다 카든데~

알았다. 엄마 내가 얼른 커서 호강시켜 줄꾸마.

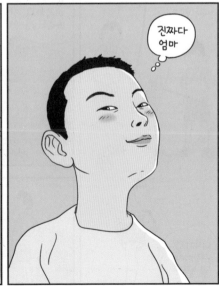

진짜다 엄마

학교생활에도 낙이 생겼다.

교무실 옆 도서실에서 책을 빌려 읽는 재미에 푹 빠진 것이다. 《암굴왕》, 《해저 2만리》 등 책 속에 빠져들어 상상의 나래를 펴곤 했다.

그렇게 도서실의 책을 모두 읽었다.

그리고 또 한 가지, 아버지가 남겨두고 간 라디오에서 태권동자 마루치를 만났다.

5학년 때 재명은
아름다운 경험을 한다.

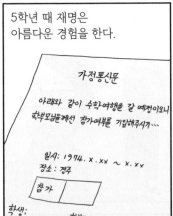

가정통신문

아래와 같이 수학여행을 갈 예정이오니
학부모님들께선 참가여부를 기입해주시기...

일시: 1974. X. XX ~ X. XX
장소: 경주

참가	

학생:

학부모:

육성회비도 제때
못 내는데 내 형편에
수학여행은 무슨...

재명은 어머니께
보여드리지 않고
가위표를 해서
제출했다.

참가	✕

학생 이 재명   학부모 이경희

어?

선생님
안녕하세요?

아, 재명아! 안 그래도
너희 집에 가는 길이다.
어머니 계시니?

아이고 선생님을
이런 누추한 곳에
오시게 해가
죄송합니더.

죄송은요?
다른 게 아니고
재명이 수학여행
때문에 왔습니다.

모두가 가는 수학여행인데
재명이도 가야죠.
동의만 해주시면 여행비는
어떻게 마련해보겠습니다.

하이고매~
죄송시러바서,
알겠심더.
고맙심더 선생님
고맙심더.

살펴 가시소.

그래, 낼 학교에서 보자.

······

교장 선생님은

재명을 비롯해 수학여행 경비를 댈 수 없었던 아이 셋에게 학교에서 일구는 밭의 돌을 줍게 하고

거기서 재배한 보리를 베게 하여 일당을 주었다.

학교 매점도 아이들이 운영하게 하여 수학여행 경비를 스스로 마련할 수 있게 해주었다.

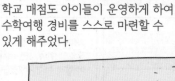

자, 내일은 수학여행이다. 오늘밤 아프지들 말고~

네!

어머니가 처음 사준
운동화를 신고

재명은 경주로 수학여행을 갔다.

거대한 왕들의 무덤에 놀라고

우와 —

아이스께끼를 처음
먹어보고 놀랐던
수학여행.

하지만 재명에게 더 큰 놀라움이었던 것은
담임 선생님과 교장 선생님의 존재였다.
이유 없이 매를 들지도 않았고

동정이 아니라 아이들 스스로의 힘으로
수학여행을 갈 수 있게 배려한 일은 재명에게
깊은 인상을 남겼다.

소년공

재명은 초등학교를 졸업하자마자 아버지의 부름에 따라 고향을 떠나왔다.

재명네가 자리한 곳은 서울이 아니라

경기도 성남시 상대원동.

또래 아이들은 교복을 입고 중학교에 가는데

재명은 목걸이 만드는 가내공장에 취직했다.

연탄가스와 납땜 시 나오는 납 증기로 늘 머리가 어질어질했는데 월급은 쌀 한 가마니 값이 채 안 되는 3,000원.

24

얼마 뒤엔 월급을 만 원 준다는
공장으로 옮겼다.
4킬로미터를 걸어가

열두 시간씩
석 달간 일했는데

월급을 고스란히 떼였다.

하이꼬메~

폐업

어허허헝

개않다, 개않다.
니는 잘 될기다.
틀림없이 잘 된다꼬
점바치가 그랬다.

훌쩍
훌쩍
훌쩍

다음엔 콘덴서용 고무기판을
만드는 제법 큰 공장에
들어갔다.

동네 형 이름을 빌린 위장취업
이었다. 연마반에서 일하느라
퇴근할 때면 검은 고무 가루로
얼굴이 새까맸다.

우리 재맹이
우리 넷째
고생했제.

야근은 10시, 철야는 새벽 2시에 끝났다. 철야를 마치고 나면 공장에 박스 깔고 누웠다가

통금이 풀리는 4시에 집으로 갔다.

탁탁

어느 날엔 연마기에 손가락이 말려 들어가는 사고를 당했다.

웅웅

악

깁스한 재명을 보고 사장이 말했다.

마, 조심했어야지. 그 기계가 얼만지 아나?

딱

......

이어서 간 공장은 빙과류 판매용 냉장고를 만드는 공장이었다.

아주냉동

샤링기로 철판을 접고 자르는 일을 맡았다.

철컹

실수로 페달을 잘못 밟으면

철컹

불량이 나오거나

야 임마! 삐뚤어졌잖아. 자잿값이 얼만데 불량을 내고 난리야? 정신 안 차려.

철컹

손가락이 잘려나갔다.

으어어…

군사문화가 나라 안을 지배하던 시절,

엎드려 뻗쳣!

출근하면 군복 입은 관리자가 '줄빠따'를 치는 게 상례였다.

사고나는 건 다 군기가 빠져서 그런 거야.

이 빠따가 불량을 줄이고 니들의 사고를 막아줄 거야.

빠

불량이 많이 나온 날에는

모두 집합~

퇴근 시에도 '줄빠따'였다.

정신을 놓고 있으니 불량이 생기는 거야.

아주냉동을 떠난 건
회사가 문을 닫았기 때문이었는데

폐업공고

당사는
경영악화로
인해……

백

재명의 몸엔
이 공장에서 일하며
함석판에 베이거나
찔린 흉터가
100개도 넘게
남았다.

재명의 나이 열다섯.

다음으로
들어간 공장은
스키 장갑과
야구 글러브를
만드는
대양실업이었다.

대양

가죽 원단이나 재단된 가죽을
나르는 일을 하다가

어깨너머로 프레스기 다루는 방법을
익혀

쿵

어느새 프레스기를
다루게 되었다.

쿵

이제 어엿한 기술자!
일당도 6백 원이다.
히히

쿵

그런데 기쁨도 잠시,

프레스기에 왼쪽
손목을 다치고 만다.

보자,
괜찮나? ──

엑스레이를 찍어봐야 했지만
안티푸라민만 바르고 지나쳤다.

쫌만 늦게 뺐으면
손목이 아작날 뻔했네.

여러 날이 지나
부기는 빠졌어도
통증은 여전했다.

욱
씬...

때문에 더 이상 기계를 잡을 수
없게 된 것이 못내 서운한 재명이었다.

······ ◑◑

이제 다시 잡부,
일당도 반토막,
망했어.

대양실업에서 점심시간은
악몽이었다.

자~꼬맹이들
집합~~
한판 해야지.

4전 5기 신화의 홍수환, 소매치기 출신 김성준 등이
세계 챔피언이 되면서 권투 인기가 높았는데

반장이나 고참들이
소년공들을 지목해
권투 시합을 벌인 것.

오늘은 너하고···
맞다. 너 차례지?

지면 부라보콘 3개 값 300원을 내야 하는 경기.
지목받은 날이면 재명은 열흘 용돈에 해당하는 300원을
뜯기지 않기 위해 아픈 손목으로 친구를 때려야 했다.

그렇지 레프트
라이트

야! 북북
북북

소년공 재명의
소박한 꿈!

기계
000 - XXXX

1

맞지 않고
뜯기지 않고
공장 다니고 싶다.

그런데···

개구리눈 홍 대리 말야.
나이도 많지 않은데
반장들도 굽신거리고
점심 시간엔 맘대로
바깥 출입하고 그러잖아.

야, 홍 대린 고졸이잖아. 여기 공돌이들 중엔 중졸도 별로 없는데 자그마치 고졸이라고.

고졸?

재명은 홍 대리처럼 되기로 결심한다.

고졸… 고졸! 그래, 야간학교에 다녀서라도 고졸이 되자!

야간학곤 안 돼.

수소문 끝에 검정고시 제도가 있다는 걸 알게 되었다.

검정고시로 중졸 고졸 다 가능하긴 한데 공돌이 생활해가면서 합격하는 게 가당키나 하나?

대양

검정고시일까지 석달 남았네. 그래, 석달 간 학원 다니는 건 허락하마.

재명은 월급의 반을 학원비로 내고 검정고시 학원에 등록했다.

검정고시

퇴근하면 곧장 학원으로
달려갔고

마치면 학원에 남아
자습하다가

통금시간이 다 돼서
집으로 돌아왔다.

엄마~

우리 재맹이
왔나?
힘들제.

마지막 한 달은 회사를 관두고
공부에만 전념했다.
알파벳부터 시작했던
영어는 포기했는데

45점을 맞아
과락을 면했다.
평균 70.17점!
합격이었다.

우리 재맹이
해낼 줄 알았다.
장하데이~

제법이네.

짜슥,
축하한다.
우리 아우
대단하데이.

추카!

어쩜 그 짧은
기간에~
니 억수로
똑똑한갑다.

오빠야
축하한다.

32

대견해한 것도 잠시, 아버지는 재명에게 다시 공장에 다닐 것을 요구했고 아버지를 도와 새벽같이 쓰레기 치우는 일을 하다가

대양실업으로 복귀했다.

어, 돌아왔네, 합격했다며?

중졸 자격을 얻었다고 달라지는 건 없었다.

다들 집합~ 정신교육 좀 해야겠다.

툭하면 현장 관리자들의 '빠따'기합이 가해졌고

하나에 정신~ 둘에 통일! 알았나?

예

고참들의 폭행도 빈번했다.

똑바로 서 새끼야

퍽

퍽 퍽

점심시간 권투 시합도 여전했는데

어느 날 대양실업이 문을 닫았다.

폐업

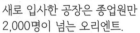
새로 입사한 공장은 종업원만
2,000명이 넘는 오리엔트.

어, 정윤아!

왔구나.

검정고시 학원에서
만났던 친구.

둘은 고졸을 넘어 대학에 들어가기로 다짐했다.

고졸 돼 봐야
별 거 없어.

맞아, 공장을
벗어나려면
대학을 나와야 해.
같이 한번 해보자.

함께 고졸 검정고시 학원에
등록하고 공부해나갔다.

회사에서도 점심시간, 쉬는 시간 등
짬만 나면 책을 잡았다.

딱

공부해서 뭐,
판검사 할려고?
공돌이답게 굴어
자식아!

틱

쉬는 시간이라도 맘 놓고 공부하기 위해 도금실을 지원했다.

도금실은 혼자 작업하니 누가 간섭할 수 없지.

아세톤과 시너, 도금액 냄새로 가득한 도금실.

손이 빠른 재명은 할당량을 빨리 마무리하고 남는 시간을 이용해 책을 봤다.

전기세 나간다. 고만 자라.

딸깍

드르륵 탁

재명은 주인집 불빛 아래 물통을 엎어놓고 공부를 하곤 했다.

회사 잔업으로 학원에 가지 못한 날엔 아버지의 잔소리가 날아들었다.

비싼 학원비 내고 그렇게 빼먹을 거면 당장 때려치그라.

저렇게 학원비를 아까워하시는데 대학에 합격한들 등록금이나 내주실까? ‥‥ 터무니없는 꿈을 꾸고 있는 거야.

뭐? 학원을 왜 그만 둬?

대입 단과 성일학원

돈이 없습니다.

영어 수학 학

학원비? 그게 문제라면 학원비 내지 말고 그냥 다녀.

네? 왜요?

마, 너 공부하고 싶잖아. 내 너를 지켜봤는데 이재명 넌 말이야. 공부해야 할 놈이야.

학원비는 신경쓰지 말고 공부해. 알았지?

가족도 …
친척도 아닌데,
아버지조차
방해하는데 …

다시금 마음을 다잡은 재명은
래커실을 지원했다.

이중으로 밀폐된 래커실에서
할당량을 재빠르게 해치우고
공부에 집중했다.

그런데 몸이 문제를
일으키기 시작했다.

화공약품으로 가득한 밀폐된 공간에서
작업을 계속하다 보니 코가 헐고 후각이
마비되었으며

두통이 일상이 되었다.

더 심각한 것은
대양실업에서 다친
손목이었다.

이즈음 재명은 한 해 동안
15센티미터나 자랐다. 온몸의 뼈도
당연히 함께 자랐지만

쑤
욱

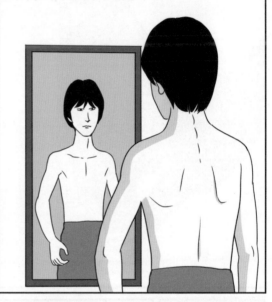

아래팔뼈 하나는 자라지 못했다. 손목을 다칠 때
성장판도 다쳐버렸던 것이다. 2개의 아래팔뼈 중
하나만 자라면서 팔은 뒤틀어지고

성장한 뼈가 바깥을 압박하면서
통증이 커져갔다.

이러다간
죽도 밥도
안 되겠어.

재명은 시험을 한 달 보름 앞두고
회사를 나왔다.

오리엔트
(주)

통증과 싸워가며 미친 듯이 공부했다.

그리고 치른 고졸 검정고시.

합격이었다.

함께 시험을 치른 정운도, 셋째 형 재선도 모두 합격이었다.

하지만 대학생이 되겠다는 꿈은 쉽게 이뤄지지 않았다.

아버지

고졸 검정고시를 보고 아직
합격자 발표가 있기 전.

학원?
합격 안했으면
우짤려고?
발표날 때까진
공장에 댕겨야지.

너무하시네.
남들은 3년을
공부해서 보는
시험인데.

재명이 빨리 취업을 하지 않자
아버지는 예전처럼 새벽에 깨워
쓰레기 치우는 일에 데리고 다녔다.

팔의 통증은 여전했다.

어느 날 쓰레기를 치우고 와
널브러져 잠이 들었는데
잠결에 부모님의 대화를
듣는다.

우리 재맹이
저러다가 평생
병신되모
우야니껴?

돈 벌어서
수술하모
될 끼다.

아버진 동네에서 보기 드문 인텔리였다.

대구에서 청구대를 다니다

장남이니 부모님을 모셔야 한다며 고향으로 돌아왔다.

농사일은 하나도 할 줄 모르면서

동네일은 제 일처럼 했다. 배운 것을 아낌없이 이웃에게 베풀었는데

노름판에 어울렸다가

하나 남은 밭뙈기를 날려먹고 고향을 뜬 것.

성남에 터를 잡은 그는 아주 다른 사람이 되었다.

체면, 명분 그딴 기 다 무슨 소용이고? 아모 일이든 해서 악착같이 돈을 모아 우리 식구가 살 집을 장만하는 기 최우선이야.

어린 재명을 공장에 보내고선 재명의 월급에서 최소한의 용돈만 빼고 모두 가져갔고

한달 용돈이니 애껴 써라.

그렇게 오로지 집을 목표로 온 가족의 소득을 모아 저축해오고 있는 아버지였다.

집을 마련하려면 아직 멀었어.

아버진 대체 어떻게 된 사람일까? 내가 죽으면 후회는 하실까?

그래, 죽자! 죽어버리자.

재명은 약국에 가서 수면제를 샀다.

그런데 다음 날 고향의 할아버지가 세상을 뜨는 바람에 자살을 뒤로 미뤘다.

성남으로 돌아오자 똑같은 일상이 이어졌다.

재명아, 퍼뜩 인나서 나오니라.

쓰레기를 줍는데 손목이 아파 찡그리자 아버지가 야단을 쳤다.

엄살 고만 피우고 똑바로 못 하나?

눈물을 머금고 아픈 손목을 대신해
폐지를 발로 밟는데…

꼬라지 바라.
이런 병신같은 놈.
그 따구로 일하모
팔을 고쳐주지도
않을 끼다.

병신같은 놈 ··· 병신 ···
내가 내일까지도
죽지 않으면
사람이 아니다.

쿨...

뭐야?
살아 있어?

응

연탄이 꺼져버렸네.
그렇다고 해도
수면제는? ···

친구들이 그 정도 먹으면
틀림없이 죽는다 했는데

내가 수면제에
강한 체질인가?

이번엔 확실히···

오리엔트에 재입사 서류를 내고

돌아오는 길에
다시 수면제를 샀다.

이튿날, 오리엔트 면접일이었는데
재명은 수면제를 먹고 연탄을 피웠다.
아버지를 원망하는 유서를 써두고서.

이렇게 내 인생이
끝나네.
뭐 더 버텨봐야
좋을 것도 없잖아.

?··· 그런데
왜 이리 잠이
안 오지?

아니, 처남! 면접 날인데 왜 이렇게 누워 있어?

매… 매형!

이웃에 사는 매형은 상황을 눈치챘으면서도 모른 체하고선 공장까지 따라와주었다.

?……!

약사가 날 속였구나. 수면제가 아닌 다른 걸 줬어.

면접 잘하고~

재명은 오리엔트에 재입사했다. 비로소 본명으로 입사한 것.

이름이 이재명이었어?

히~

시위를 떠난 살

재명이 죽음을 결심했던 건 아버지에 대한 원망이 일차적이었지만

대학에 갈 수 있다는 희망이 무너진 것도 컸다.

좋은 대학에 가면 가정교사를 할 수 있으니까 학비 마련이 가능해.

재명이 고졸 검정고시를 본 해는 1980년. 12·12 쿠데타에 성공한 신군부는 이듬해 5·18 민주화운동을 총칼로 진압해 권력을 장악하더니

국보위(국가보위비상대책위원회)를 출범시켰다.

國家保衛非常對策委員會

그 국보위가 내린 과외금지령이 그를 절망시켰던 것.

모든 과외를 전면 금지한다.

그럼 대학엘 들어간대도 학비를 마련할 길이 없겠네.

그래… 달콤한 꿈을 꾸었던 거야. 내 주제에 대학은 무슨…

그런데 1981년 이 정부는 뜻밖의 조치를 발표한다.

새 정부가 발표한 특별장학금 제도는 성적이 우수한 입학생에겐 등록금 전액을 면제해줄 뿐만 아니라

재학하는 동안 생활비까지 사립대학으로 하여금 지급토록 한 것인데요,

그럼 사립대들 부담이 상당하지 않을까요?

이번에 졸업정원제가 실시되면서 입학 정원이 크게 늘었잖아요, 그만큼 등록금 수입도 늘게 되는 만큼 사립대학들로선 나쁘지 않을 겁니다.

재명은 다시 희망을 찾았다.

아버지도 조건부 찬성을 했다.

공장을 다니면서 공부한다면 학원에 다녀도 좋다.

학력고사일까지 남은 시간은 8개월. 대입 종합학원에 등록한 날 재명은 일기에 이렇게 썼다.

이미 살은 시위를 떠났다. 떠난 바에야 정확히 꽂히자!

시위를 떠난 살은 맹렬했다.

퇴근하면 시외버스를 타고 답십리 학원으로 향했다. 버스에서 영어 단어를 외우고

학생 차비를 내기 위해 짧게 자른 머리

학원이 끝나면 돌아와 집 근처 독서실에서 통금이 끝나는 새벽 4시까지 공부했다.

집으로 돌아와 잠시 눈을 붙이고는

출근하는 생활을 이어갔다.

학원에 빠진 날이 있었다. 여지없이 날아드는 아버지의 잔소리.

학원 안 가고 와 집에 있노? 비싼 학원비 내고 뭐 하는 기고?

공장에서 고참에게 맞았는데 너무 아파요. 아무래도 병원에 가봐야 할 것 같아요.

병원은 무슨? 몇 대 맞은 것으로 안 죽는다.

어머니가 몰래 내어준 돈으로
병원에 가 엑스레이를 찍었다.

여기 보이죠?
갈비뼈에
금이 갔어요.

사정을 알게 된 둘째 형.

이런 개자슥이~
내 이놈을
직이삘끼다.

가자!

우리 재명이 때린 놈이
어떤 자슥이고?
퍼뜩 나온나.

너야? 니 깡패가?
사람을 패서
갈비뼈를 부러뜨려?

가자! 경찰서에.
니 같은 놈은
콩밥을 묵어봐야
사람 된다.

자...
잘못했습니다.

형은 다시는 때리지 않겠다는 약속과 함께
치료비까지 받아냈다.

이런 일이 있으면
진작에 말을 했어야지.
앞으로 뭔 일 있으모
숨기지 말고 내한테
곧바로 얘기해라.
알긋제?

알았다
형아.

학원에 다닌 지 두 달. 아버지가 다시 변덕을 부린다.

학원 그만 다니라.
집 사는게 먼저지.
학원비가 어디
한두 푼이가?

…… !

시위를 떠난 살은 멈출 수가 없다.

알겠습니다. 대신 앞으론
지가 번 돈은 지 공부하는디
쓸라니 그리 아시소.

재명은 더 이상 아버지에게
월급을 드리지 않았고

…

3개월 월급을 모아 회사를 그만두었다.

그리고 이번엔 야간이 아닌 주간반에
등록했다. 시험까지 남은 시간은 4개월.

학원을 나오면 독서실로 직행.

수면 시간은 새벽 4시에서 아침 7시까지 세 시간.

시간이 부족한 그에게 공부는 곧 잠과의 싸움이었다. 볼펜을 곧추세워

졸면 이마에 찔리게 하고

책상 위엔 압정을 붙여놓았다.

중졸, 고졸 검정고시를 같이 보았던 친구 정운도 함께했다.

그렇게 준비한 끝에 학력고사를 치렀다.

어머니

8개월 전 처음 시작할 때 모의고사 성적은 전국 30만 등 밖이었다.

학력고사 성적은 285점, 전국 석차 2,500등 안쪽이었다.

타고난 명석한 머리에 상상을 뛰어넘는 노력과 집중력이 더해진 결과다.

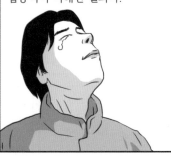

소년공으로 살아온 그의 6년은 경이롭다.

교복을 입고 등교하는 또래들을 보면 부럽고 또 부끄러웠지만

열세 살 재명은 자신의 처지를 숙명으로 받아안았다.

군대 같은 문화의 70년대 공장에서 어린 소년공들은 이등병 신세였다. 욕설과 기합,

폭행이 난무했다.

후각을 잃고

손목을 다친 후유증으로 팔이 비틀렸으며

공부하겠단 작은 열망조차 아버지에게 잦은 방해를 받았지만

재명은 한순간도 빗나가지 않았다.

아버지에게 대들거나

집을 나가거나 질풍노도의 사춘기 소년이 으레 할 법한 행동도 하지 않았다.

굳이 그의 반항을 찾는다면 죽음을 결심하면서 쓴 아버지를 원망하는 유서라고나 할까.

월급을 받으면 고스란히
아버지에게 드렸고

아버지가 주는
적은 용돈만으로
생활하면서

그조차 절약해 일부를 어머니께
따로 저축했다.

내가 잘
모다놓을테니
필요하모
하시라도
말해라.

소년공들이 흔히 하는 술, 담배도
일절 하지 않았다.

절친 정운이 술, 담배를 하는 걸
보고선 한때 절교까지 했었다.

재… 재명아

재명을 지탱한 힘은 어머니였다.

자신을 아낌없이
사랑하고 믿어주는
어머니.

재맹아!
니는 틀림없이
잘 된다 캤다.

헤~

아버지가 큰형을 데리고 도촌리를 떠난 후
어머니는 남의 밭일을 하며

6남매를 먹여살렸다.

성남으로 와선 시장통 유료화장실 청소를
하고

문 앞을 지키며 요금을 받고 휴지를 팔았다.

자리를 비울 수 없어 점심마저
화장실 앞에서 해결해야 했다.

집에선
시멘트 포대를 해체해
봉투를 접어 팔았다.

도촌의 산골 시절에서처럼

성남의 소년공 시절에도
재명은 집에 돌아오면
엄마를 찾아 안겼고

그날 있었던 일을 재잘재잘 얘기하곤 했다.

그렇게도 믿고 사랑하는 어머니를 하루빨리
지긋지긋한 고생에서 벗어나게 하는 것이
가장 큰 목표였다.

재명의 나이 열다섯. 어느 날 공장에 약장수들이 와서 차력쇼를 벌였다.

우리 어머니 아버지 할머니 할아버지 걸핏하면 두통에 비만 왔다 하면 허리에 무릎, 팔다리 어디 한군데 안 쑤시는 데가 없어. 그저 나이 들어서 그런가 하고 넘어가는데 그게 아니다 이 말이여. 몸이 아픈데 약을 쓰지 않아서 그래.

이 약으로 말씀드릴 것 같으면 서울대 의대 박사님께서 7년 간의 연구 끝에 완성한 만병통치약으로…

딱 엄마한테 필요한 약이네.

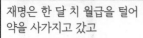

재명은 한 달 치 월급을 털어 약을 사가지고 갔고

아버지에게 죽도록 혼났다.

들어올 생각도 마 머저리같은 놈!

자살 시도를 했다가 실패하고 오리엔트에 재입사했을 때

재명은 오히려 마음의 여유를 얻었다.

아등바등해도 안 되는 건 안 되는 거야.

주어진 형편 안에서라도 돈돈 하지 말고 하고 싶은 것 하며 살자!

그동안 엄마에게 맡긴 돈이 5만 원쯤 되지. 그걸로 카메라를 사자!

뭐야, 이재명! 돈 벌어서 엄마 호강시켜 드린다 해놓고선 목돈이 생기니 냉큼 자기를 위해 쓰겠다고?

우뚝..

호강은 못 시켜드려도 당장 어머니 손에 금반지 하나 정도는 끼워드릴 수 있잖아.

좀 아까운걸...

아까워? 에라이 도둑놈아! 은혜도 모르냐?

그래! 난 아버지처럼 돈만 아는 사람이 되지 않겠어.

내가 번 돈을 소중한 사람과 소중한 일에 쓰며 살 테다.

재맹아, 내는 이 가락지를 끼고 있으며 세상에 부러븐 것도 없고 무서븐 것도 없는데이.

어머니는 아버지한테 들킬세라 반지를 꽁꽁 숨겨두고 몰래 끼곤 하다가

한참 지나고 나서야 끼고 다녔다.

웬 반지고?

이거예? 가짜로 하나 했니더. 감쪽같지예.

재명은 중앙대 법대에 A급 장학생으로 진학하기로 했다. 등록금 전액 면제에다 매달 20만 원씩 받게 되었다.

20만 원이면 공장에서 받던 내 월급의 거의 세 배네.

소고기 라면

한번도 교복을 입어보지 못했던 재명은 교복을 맞췄다. 대학생들은 거의 교복을 입지 않는다는 것을 모르고.

교복을 입고 어머니와 함께 입학식에 갔다. 셋째 형이 카메라를 들고 동행했다.

재맹아, 인자 내는 죽어도 여한이 없데이. 니는 크게 될 기라고 했다 아이가.

찰

칵

국민 여러분, 바로 이곳은 열두 살부터 어머니 손을 잡고
학교 대신 공장에 출근했던, 빈민 소년노동자의
옛 어릴 적 일터입니다. 바로 여기에서 저는
힘겨운 노동에 시달렸던 그 소년노동자의 소망에 따라
대한민국 제19대 대통령선거 출마를 여러분께 고합니다. (…)
이제 제 과거와 가족 이야기를 좀 하겠습니다.
저는 초등학교를 졸업한 1976년 봄 열두 살 어린 나이로
깔끔한 교복 대신에 기름때 묻은 회색 작업복을 걸친 채
여기 계신 어머니의 손을 잡고 공장으로 향했습니다.
솜털이 남아 있는 고사리손 아들을 시커먼 고무 공장까지 바래다준
제 어머니는 상대원시장 화장실 앞에서 휴지를 팔았습니다.
화장실에서 밤 10시가 넘어 퇴근하시고도
철야를 마치고 새벽 4시가 되어 귀가하는 어린 아들을
밤새 기다려주셨습니다. 고된 밭일로도 자식을 먹여살리기 어려워
약장사에 밀주까지 만들어 팔면서 힘겨운 삶의 무게에
부엌 구석에서 몰래 흐느끼시던 어머니.
고무 공장 샌드페이퍼에 깎여나가 피가 배어 나오는
제 손바닥을 보시고 또 우셨습니다.
벨트에 감겨들어 뭉개져버린 제 손가락을 보고 또 우셨고,
프레스 사고로 비틀어져버린 제 왼팔을 보고 또 우셨고,
단칸방 가족들이 잠들었을 때 마당에 물통을 엎어놓고 공부하던
저를 보고 우셨고, 장애와 인권을 비관해
극단적 시도를 두 번이나 한 저를 보고 또 우셨습니다.
지금은 또 자식들 문제로 힘들어하십니다.
죄송합니다. 어머니!

— 성남 오리엔트 공장, 제19대 대통령선거 출마 공식 선언 기자회견(2017. 1. 23.)

2장

싸우는 변호사

대학 시절

소년공 시절의 월급 몇 배를
생활지원금으로 받게 된 대학생 이재명.
전과는 아주 다른 신분이 된 셈이다.

입학식 며칠 전 일기에 이렇게 썼다.

어차피 시작한 것, 사법고시에 합격하여
변호사로 개업하겠다. 그래서 약한 자를 돕겠다.
검은 그림자 속에서 고생하는 사람들에게
빛이 되어 보이겠다.

호적상의 나이가 한 살 어려
3학년이 되어서야 사법고시에
응시할 수 있었다.

이건 '1학년 땐
놀아라' 라는 하늘의
뜻이 아닐까?

첫 여름방학을 맞아 초등학교
시절에 갔던 경주 수학여행 이후
첫 여행을 떠난다.

함께 공부해서
중앙대 공대에 입학한
소년공 친구 심정운과 함께,

경춘선 기차를 타고 춘천으로,

소양강에서 배를 타고 양구로,

배에서 만난 또 다른 친구까지
합세해 밤길을 꼬박 걸어
광치령을 넘어 인제로,

다시 양양으로 가서 동해 바다를 보았다.

그러나 잠시나마 낭만을 즐겨보기엔
대학 캠퍼스가 어두웠다.

애애앵~

광주학살 자행한
전두환을 처단하자!

폭도들의 난동으로만 알았던 이른바 광주사태는

광주학살이었고

광주항쟁이었다.

불의한 시대에 분노했지만

이재명은 운동권의 삶을 선택하지 않았다.

미안하다, 영진아! 대신 사법고시에 붙은 다음 판검사 안하고 변호사가 되어 함께할게.

교내 투석전에 함께하는 것으로 미안함을 달랬다.

응시 자격을 얻은 3학년, 1차 시험을 치르고

셋째 형과 자전거 여행에 나섰다. 서해안, 남해안을 돌아 대구를 거쳐 서울로 왔다.

이해에 아버지는 집 장만의 꿈을 이뤘다.

1차 시험은 넉넉한 성적으로 합격했다.

이듬해 2차 시험을 보곤 다시 자전거를 타고 전국일주에 나섰다. 동해, 남해, 서해로 돌아오는 18일간의 여행이었다.

그런데 모든 과목 점수가 좋았고 평균도 월등했지만 상법에서 0.34점 차이로 과락이 나면서 떨어지고 말았다.

이런 바보같은 실수를 하다니···
수표보증 문제를 수표지급보증 문제로 알고 썼으니···

그렇게 재학 중 합격이란 꿈은 이루지 못한 채 졸업하게 되었다.

초등학교 졸업 후 처음 맞는 졸업식. 이번엔 아버지도 함께했다. 가족들과 함께 즐겁게 기념사진을 찍었지만

마음 한구석에 미안함과 안타까움이 떠나지 않았다.

학생운동을 하다가 구속되어 함께 졸업하지 못한 친구 이영진 때문이었다.

집으로 돌아와 친구의 아버지에게 편지를 썼다.

의로운 일을 하다가 고초를 겪고 있는 영진이를 우리 동기들은 모두 자랑스럽게 여기고 있습니다. 영진이가 앞으로 우리보다 반드시 더 훌륭하게 큰 일을 할 것으로 우리는 믿고 있습니다. 부모님께서도 너무 상심하지 않으시기를 바랍니다.

졸업 후 얼마 지나지 않아 아버지는 위암 판정을 받았다.

투병 중인 아버지를 생각해서 이재명은 더욱 공부에 매진했고

1차 시험에 이어 2차 시험까지 합격했다.

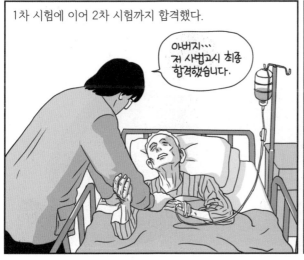

아버지… 저 사법고시 최종 합격했습니다.

주 룩

아버지는 병문안 온 친척들에게 이렇게 자랑했다.

내가 우리 재맹이 법대에 보내고 이번에 사법고시에 딱 합격 안 시켰나.

따지고 보면 맞는 말씀. 아버지가 없었으면 내가 이 세상에 나올 수 없었으니...

오래지 않아 아버지는 이재명이 태어난 날 (정확히는 그렇게 추정한 날)에 세상을 떴다.

이듬해 3월 연수원에 입소하고 첫 월급을 받자 고향 선산의 아버지 산소를 찾았다.

저 왔어요, 아버지 사랑합니다.

다시 성남으로

연수원 생활을 시작한 1987년은 민주화의 열풍으로 일렁인 한 해였다.

연초부터 박종철 고문치사 사건이 터졌고

분노한 이재명은 일기장 표지에 박종철 열사의 사진을 붙이고 부끄럽지 않은 삶을 다짐했다.

6월항쟁의 과정엔 뜻을 함께하는 동료들과 함께 거리에서 독재 타도를 외쳤다.

학생 시절 제 몫을 다하지 못했다는 부채감, 이영진을 비롯한 운동권 친구들과의 약속을 생각하며 연수원에서도 맹렬히 움직였다.

노동법학회를 조직해
공부하는 한편

함께 광주의 망월동 묘지를
참배했다.

6월항쟁 이후 민주화의 바람은 각계로 휘몰아쳤고

마침내 고요하기만 하던
사법부에까지 불어왔다.

휘 잉

노태우 정부가 전두환이 임명한
대법원장 김용철의 유임을 추진하자
판사 430명이 반대성명을 냈고,
결국 김용철은
사퇴했다.

새로운 대법원 구성에
즈음한 우리의 견해

이른바
2차 사법파동이라
불리는 사건입니다.

이에 노태우는 정기승을 지명했다.

정기승이라니!
전임 김용철보다
나을 게 하나도
없잖아.

군사정권에 협력해
영달한 대표적인
인물이지.

그냥
넘어갈 순
없어.

이재명은 봉천동에 자비로 여관을 잡고

동료들과 밤새 토론한 끝에 반대성명을 내기로 했다.

성명서를 마련하고

탁 탁 타탁

실무연수를 위해 각지로 흩어진 연수원생들의 서명을 받으러 분주히 움직였다.

그리하여 연수원생 185명이 서명한 정기승 인준 반대성명서가 발표되었다.

안그래도 대한변협, 민변 등도 반대 입장을 밝힌 터에 이번 연수원생들의 반대 성명이 더해지면서 새 대법원장 인준 반대 여론은 더욱 커졌습니다.

결국 정기승은 국회에서 인준이 부결되어 신생 노태우 정부를 당혹케 했다.

재적 295명, 찬성 141표, 반대 6표, 기권 134표, 무효 14표로 부결되었음을 선포합니다.

의장

이재명은 안동지청에서
검사시보로 실무연수를 했다.

실무연수를 마치고 떠나던 날
지청장이 말했다.

야, 이 시보야!
너 검사해라.
내 보니 딱
검사 체질이다.

그러게, 검사가 되면 정말
잘할 자신이 있는데…

변호사가 되어 약자들과
함께하리란 다짐이
자꾸만 흔들렸다.

사법시험 성적이나
연수원 성적도
판검사가 되는데
부족함이 없단 말야…

엄마는 판사가
되었으면 하시지.

에그~ 속물!
영진이와 그렇게
약속해놓고서.

일기는 그 시절
그의 고민을 보여준다.

나의 개인적 행복만을 위해 살 것인가?
아니면 세상의 탄압받고 억눌리는
사람들을 위해 나의 행복을
조금 포기할 것인가?

돼지와 사람의 차이는 무엇인가?

고민을 덜어준 것은 한 인권변호사의 특강이었다.

노무현이었다. 그의 마지막 한마디가 강하게 귀에 꽂혔다.

변호사는 뭘 해도 밥 안 굶습니다.

그래, 쓸데없는 고민은 그만 접고, 성남에서 변호사로 세상이 필요로 하는 일을 하자!

법률구조공단에서 일하며 개업비용을 마련하려 애쓰는데

도움의 손길이 있었다.

이 변호사, 나 좀 봐요.

시보로 일하며 모셨던 조영래 변호사였다.

개업비용 마련하는 게 쉽지 않죠? 내가 은행에서 오백만 원 빌렸어요. 이 변호사가 뜻을 펼치는 데 도움이 됐으면 좋겠어요.

아니 저⋯⋯

변호사 조영래

이재명을 비롯해 80년대 수많은 청년들의 심금을 울렸던 전태일 평전의 숨은 저자,

경기고와 서울대를 최우등으로 나왔지만 개인의 영달을 버리고 인권과 민주주의를 위해 최전선에서 독재정권과 싸워온 인권변호사의 상징과도 같은 인물, 조영래.

감사합니다, 변호사님! 열심히 하겠습니다.

돈도 돈이었지만 그보다도 자신이 가장 존경하는 이로부터 인정받았다는 사실이 더 기쁜 이재명이었다.

또 한 명이 도움의 손길을 내밀었다.

오백만 원일세. 요긴하게 쓰길 바라네.

선생님!
...

학원을 공짜로 다니게 해주었던 바로 그 성일학원의 김창구 선생이었다.

이재명! 화이팅!

고맙습니다, 선생님! 열심히 하겠습니다.

그렇게 스물다섯의 이재명은 성남에서 변호사 사무실을 열 수 있었다.

변호사 이재명 사무

사무실을 열며 이재명은 다짐했다.

돈을 변호하지 않고 사람을 변호하겠다! 이익을 변호하지 않고 정의를 변호하겠다!

민생변론

기결 미결 보류   변호사 이재명

노동변호사

성남으로 돌아왔단 건 제2의 고향으로 귀향했단 얘기이기도 하지만

노동자의 곁으로, 지난날의 이재명에게로 돌아왔단 의미도 된다.

개업 직후 한산했던 사무실의 풍경은

오래가지 못했다. 친절한 무료상담이 소문나면서

법의 보호를 받지 못하던 성남의 노동자들을 비롯한 사회의 약자들이 이재명을 찾았다.

사무실이 자리를 잡자 이내
노동상담소 일에 뛰어들었다.

여주 이천 지역에
상담소를 여는데
이 변호사가
함께 해주시면
좋겠습니다만.

아, 그래요.
당연히
함께 해야죠.

이재명은 상담소 보증금을
마련했는가 하면

제가 지인이
많습니다.
구해볼게요.

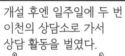

개설 후엔 일주일에 두 번
이천의 상담소로 가서
상담 활동을 벌였다.

- 노동조합법

수요일엔 오후 공판을
마치고 가서 4시부터,
토요일엔 1시부터 상담했고
끝나면 노동자들과 막걸리를
나눠 마셨다.

그러곤 9시 30분 막차를 타고
성남으로 돌아오는 생활을
이어갔다.

한 달간 그렇게 생활하고
뒤풀이한 뒤 헤어질 때였다.

저 형님,
잠깐…

이거
나눠 쓰세요.

어이쿡~
무료 상담에
오실 때마다
뒤풀이 비용까지
내시면서 …

와! 백만 원이
넘어요.

변호사가 돈을
많이 벌기는
하는 갑네요.

이천을 떠날 때까지 2년 넘게 매달 이재명은 그렇게 봉투를 건넸고

그 돈은 상담소 월세와 3명 간사의 활동비, 생활비로 쓰였다.

변호사님 덕에 우리 너무 호화로운 운동을 하는 거 같아요?

맞아요. 상담소 중에 이런 덴 없을 걸요.

그런데 파출소 앞에 자리 잡은 상담소가 자리를 비워야 하는 상황이 발생했다.

미안하네만 어쩌겠소. 형사들이 찾아와서 들볶으니.

다른 곳을 찾는데, 쉽지 않았다.

노동상담소면 쯤…

겨우 한 곳을 찾긴 했는데 보증금이 이천만 원이라… 천오백이나 더 있어야

이번에도 이재명이 보증금을 해결했고 지하실에 자리했던 상담소는 5층 건물의 4층 넓은 곳에 자리할 수 있었다.

와~ 완전 궁궐이네.

이때 일을 당시 간사 일을 맡았던 김재기는 뒷날 이렇게 말했다.

물론 우리 말할 수 없이 고마웠지만 그래도 변호사니까 넉넉한가 보다 이렇게만 생각했지요.

나중에 십 년도 더 지나서 어느 북콘서트에서 본인 사무실 마련할 돈이 없어서 조영래 변호사와 학원장님에게 도움을 받았단 얘기를 듣고 얼마나 미안하던지요.

우리들 생활비를 지원할 때도 혹여 우리 자존심이 상할까 늘 조심했었죠.

이 시기 이재명은 노동변호사로서 중요한 승리를 만들어냈다.

노동운동이 거세어지자 기업들은 위장폐업으로 대응하곤 했다.

노동조합의 씨를 말릴 묘수지.

폐업

1989년 성남공단에 있던 컴퓨터 부품 조립업체인 에프코아 코리아가 위장폐업을 했다.

수주 물량 감소로 더 이상은 회사를 운영할 수가 없어서 부득이…흑

사실은 수주량이 넉넉해서 외주 생산으로 돌려놓았지 승승

졸지에 일터를 잃은 200명의 노동자들이 도움을 청해왔다.

노동탄압 중단하라!

폐업 취소! 원직 복직!

노동조합 인정하라!

악덕○

위장폐업 취소하라!!

에프코아 코리아 노동조합

이재명은 6개월에 걸쳐 이 일에 매달렸고

마침내 전원 복직에다 체불임금까지 받아내는 승리를 거두었다.

와

변호인석

사무실을 성남지원 앞으로
옮기면서 부설 노동상담소도
열었다.

이 재 명
변호사사무소
03ᐧ-ᐧᐧᐧᐧᐧ

부설
노동상담소
03ᐧ-ᐧᐧᐧᐧᐧ

상담소장은 대학 친구
이영진이 맡았다.

드디어 영진이랑
같이 일하네.

그러게, 이런 날이
다 오네. 열심히 할게.

이영진은 상담소 일은 물론
법원과 경찰서, 노동 현장을 누비
면서 변호사 사무실의 안살림을
책임졌다.

변호사 이재명의 승률은
무척 높았다.

비법요? 이길 수 있는
싸움을 하는 것이죠.

되지 않을 싸움은 애당초
만류했다.

잘 들었습니다만
이건 해도 집니다.
괜히 시간과 돈만
날리게 됩니다.
합의를 하시거나…

해볼 만하다고 판단해
사건을 수임하면 사건을
치밀히 분석하고
법전은 물론 최신 판례까지
철저히 공부해

변론했고 승리했다.

히~

82

이재명과 재판정에서 싸웠던 회사 측에서 사건을 의뢰하는 일도 있었다.

아시겠지만 저는 노동자들을 변호하는···

아유~ 알죠.

우리가 의뢰하려는 건 노동자와 다투는 일이 아니라 민사 문제인데 안 될까요?

아, 그런 일이라면 문제 없습니다.

이재명은 외국인 노동자의 인권에도 관심을 가졌다.

실례합니다.

불법체류자인 필리핀 출신 노동자 갈락은 공장에서 일하다 오른팔을 잃었다.

그런데 불법체류자 신분인 까닭에 산재로 인정받지 못했을 뿐 아니라 강제출국을 당하게 됐습니다.

펄럭

이재명은 갈락의 산업재해
요양 승인을 받기 위해 뛰어다녔다.

노동부, 공단,
출입국관리사무소…

글쎄, 상황은
딱하지만
방법이 없어요.

어렵습니다.
전례가 없습니다.

인간한테 이러면
안 되는거 아냐?
전례가 없으면
전례를 만들어야지.

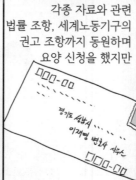

각종 자료와 관련
법률 조항, 세계노동기구의
권고 조항까지 동원하며
요양 신청을 했지만

끝내 받아들여지지 않았다.

그렇게 갈락은 강제출국의 길에 올라야 했다.

꾸욱…

갈락은 떠났지만 이재명은 포기하지 않았다. 재심을 신청해 노력을 이어갔고

마침내 요양 인정을 받아냈다.

비록 갈락씨가 한국으로 돌아와 요양을 받을 순 없지만 산재 보상금은 받게 되었습니다.

와

산재 보상금을 갈락에게 송금한 날 변호사 사무실과 노동상담소 식구들은 생맥주 파티를 벌였다.

이재명은 취하도록 마셨다.

이 소장, 영진아. 우리 인간을 변호하자. 인간을.

그래, 재명아. 잘했어, 이변!

시민운동가

이재명은 노동변호사였을 뿐 아니라 성남, 용인, 이천 일대의 각종 시국사건 무료변론을 도맡아 하는 인권변호사였다.

사건이 있으면 으레 이재명을 찾았다.

상담과

변론 준비,

변론,

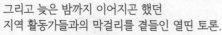

그리고 늦은 밤까지 이어지곤 했던 지역 활동가들과의 막걸리를 곁들인 열띤 토론.

그런 생활을 2년 넘게 해오던 이재명은

싱숭~

나도 누군가를 사랑하고 사랑받고 싶다.

결심한다.

8월이 가기 전에 결혼 상대를 정할 겁니다.

넹?

에이~

적극적으로 소개팅을 해나갔다.

세 번째 소개팅은 셋째 형수가 다리를 놨다.

안녕하세요? 이재명···

김혜경

안녕하세요? 김혜경이에요.

이 여자다!

그날 이후 매일 데이트를 이어갔는데

네 번째 데이트에서 청혼한다.

혜경 씨, 저하고 살아주지 않겠습니까?

몇 번 더 만났지만 확답을 주지 않는다.

...

뭐예요?

열다섯부터 10년 동안 제 인생의 자취입니다.

이렇게 살아온 사람입니다. 읽어 보시고 살아줄 만하다고 생각되시면 저와 결혼해주세요.

그래요. 결혼해요.

그렇게 소년공 출신의 이재명은 숙명여대 피아노과를 나온 서울 중산층 출신의 김혜경과 결혼했다.

저녁이면 일과처럼 함께 막걸리를 기울였던 동료들은

드르륵

서운했을지도.

결혼하더니 맨날 총알같이 집으로 직행일세.

그러게요, 변호사님 변했어.

에이~ 나도 장가 간다.

어릴 적 집으로 돌아오면 어머니를 찾아 수다를 떨고 재롱을 피우곤 했던 이재명은

이제 부인 김혜경에게 그날의 일을 이야기하며 수다를 떨었다.

아이가 태어나고

소년공이었던 이재명이 중산층 시민으로 변모해가는 사이

성남 지역에서도 시민운동이 주도적 사회운동으로 성장하기 시작했다.

...를 위한 시민서명!

그 중심에도 이재명은 있었다.

성남시민모임

그리고 일찍이 만나보지 못했던 대형 사건과 마주하게 된다.

이건 말이 안 되는데요.

분당구 정자동, 지금은 파크뷰아파트가 들어서 있는 곳.

본래 여기는 상업·업무용 지구로 계획되어 있었는데 주상복합아파트가 들어설 수 있는 주거용 토지로 용도변경이 이뤄진 것이다.

토지를 매입한 홍모 씨는 앉아서 수백 억 아니 수천 억을 벌 수 있게 되었단 말이죠.

어마어마한 특혜죠.

용도변경이 되더라도 그 혜택이 성남시와 시민에게로 와야지 특정 건설업자가 독차지하는 건 말도 안 되죠.

성남시민모임과 이재명은 용도변경의 부당성을 알리는 운동에 나섰다.

부당 용도 변경 성남시는 각성하라! 성남시민모임

김병량은 부당 용도 변경을

부당용도변경 즉각 취소!!

용도변경

부당용도변경 반대

성남시는 각성하라!

상대는 토건업자와 정관계, 그리고 어쩌면 또 다른 권력들이 결합된 거대 카르텔.

그들은 먼저 반대운동의 핵, 이재명을 회유하려 들었다.

듣자니 변호사님이 노동자와 시민을 위한 제대로 된 언론을 만들고 싶어 하신다고 들었습니다. 저희가 20억 정도 지원해드릴 테니 그걸로 뜻을 펼쳐보시죠.

20억 먹고 눈감아 달라는데요.

20억? 와!~

와~가 아니고 겨우 20억이죠. 한 오천 억 정도 준다면 모를까? 그걸 받고 우리가 돌아설 순 없잖아요.

그러니깐요. 우리 양심값을 너무 싸게 매기시네.

시민대회

하하하

회유가 통하지 않자
협박이 찾아왔다.

어이, 이재명이 !
겁대가릴
상실한 모양인디
밤길 조심하쇼잉

따르릉~

아드님이 OO초 △학년 X반 맞지?
거 남편 보고 작작 좀 나대라고
전하쇼. 나중에 후회 마시고.

갖은 협박에도 이재명은 물러서지 않았다.

나 너무
위험한 남자랑
결혼했나 봐~

미안~
조심해줘요.

총기 소지 허가를 받고
가스총을 휴대하고 다녔다.

이재명 등은 부당 용도변경 저지를 위한 공동대책위원회를 구성해
싸움을 키워갔다.

부당한 용도변경
김병량은 퇴진하라!

퇴진하라 퇴진하라
퇴진하라!

부당한 용도변경
김병량시장
퇴진하라!

경찰은
철저한 수사로
진상을 밝히고
관련자를
처벌하라!

마침내 중앙 언론에서
주목하기 시작했고

《조선일보》
기자인데요,
백궁 점자지구
용도변경에 대해
취재하고
싶습니다.

이재명은 추가적인 특혜가 있었음을 폭로했다.

용도변경도 특혜인데 용적률과 건축물 높이까지 높여줌으로써 1,385억의 추가 이득을 얻을 수 있도록 해주었습니다.

뿐만 아니라 정관계 고위인사들에게 불법 특혜분양을 한 정황이 보입니다.

백궁 정자지구와 해당 지구의 아파트 파크뷰의 특혜분양 문제가 세상의 이목을 집중시키는 가운데

결정적 전환이 일어났다. 구속된 김은성 전 국정원 차장의 탄원서에서 관련한 진술이 나온 것이다.

백궁 정자지구의 고급 아파트(파크뷰)를 고위 공무원과 국정원 간부, 그리고 판검사 등 130여 명이 특혜분양을 받았다는 것인데……
명명백백하게 진실이 밝혀져야 할 것입니다.

검찰 수사 결과 모두 사실로 드러났을 뿐 아니라 무려 449세대가 유력자들에게 사전 분양된 사실이 밝혀졌고

기가 막혀
※

새벽부터 줄서서 분양신청을 한 우리들은 다 떨어졌는데

건설업자와 경기, 성남시 관계자들이 줄줄이 구속되었다.

이재명은 여기서도 멈추지 않았다.

검찰의 수사는 고래를 잡는다며 강물에 그물을 친 격입니다.

특혜분양은 곁가지고 핵심은 용도변경이란 특혜와 그것을 가능케 한 커넥션이죠.

사건이 대형 비리 사건으로 커져가자
KBS 〈추적 60분〉이 취재에
뛰어들었다.

이재명 변호사 사무실에서 취재하던 중 KBS 피디는
성남시장과 통화를 하게 된다.

여보세요.
아, 시장님! 저는
사건 담당 검사인
아무개입니다.

변호사 이 재 명

사건 관련해서 몇 가지
물어볼 텐데요, 있는 그대로
솔직히 말씀해주셔야 저희도
잘 처리해드릴 수 있습니다.

그랬군요. 또
누가 모임에
함께했나요?
네, … 아 네 …

피디를 검사로 안 시장은
파크뷰를 둘러싼 내막을
사실대로 털어놓았다.

차르르…

녹음된 통화는 방송에서
그대로 전파를 탔다.

추적60분

이재명은 기자회견을 열었다. 사안의 민감성을 반영해
많은 기자가 모였는데 이 자리에서 이재명은 피디에게 요청해
받은 녹취록을 공개했다.

반향은 컸다. 신문 방송이 일제히 주요 기사로 다루자

선거를 앞둔 김 시장은 피디와 이재명을 고소했다.

어떤 죄로?

검사를 사칭한 죄를 물어야죠.

이에 이재명은 무고로 맞고소했다.

저는 검사를 사칭하지 않았습니다. 때문에 김 시장의 고소는 눈엣가시인 저에 대한 명백한 무고입니다.

파크뷰 비리에 상당수가 연루되기도 했던 검찰은 김 시장의 손을 들어주어 이재명을 검사사칭 공동정범으로 기소했다.

때문에 무고죄로 김 시장을 고소한 행위가 도리어 무고가 됨. 이재명! 무고죄 추가!

검사 · · ·

1심 재판부는 이렇게 선고했다.

피고 최ㅇㅇ피디, 공무원자격사칭죄 벌금 300만 원, 피고 이재명, 무고 및 공무원자격사칭죄 벌금 250만 원.

그렇게 전과 1범이 되었으나 거대한 토건비리와 싸우며 얻은 훈장이라 여기고 대수롭지 않게 생각했다. 그러나 이 일이 20년이 넘게 지나서까지 자신을 괴롭히게 될 줄이야 상상이나 했을까?

항소심에선 피디는 개전의 정이 뚜렷하다며 선고유예된 반면 이재명은 대법원까지 갔지만 끝내 벌금 150만 원을 확정받았다.

성남의료원 건립 투쟁

'전과자'란 타이틀을 얻은 토건비리와의 싸움이 마무리될 즈음 성남 시민사회는 다시 이재명을 싸움의 장으로 불러낸다.

> 인하병원까지 폐업한다고?

성남 구시가지에 자리한 종합병원인 성남병원의 폐업 결정에 이어 인하병원이 폐업하게 되었다.

> 그럼 밤에 응급실 갈 일이 생기면 어떡해?

> 그나마 믿을 데라곤 유일한 대학병원인 인하병원 밖에 없는데

성남의 시민단체들은 연대해 인하·성남병원폐업 범시민대책위원회를 결성하고 폐업 저지 운동을 벌였다.

> 종합병원 폐업반대!

> 인하·성남

> 인하병원 성남병원 폐업 결사반대!!

그러나 끝내 폐업신고가 수리되고 말았다.

> 기왕 이리 된거 이참에 성남시립병원을 설립하는 운동에 나섭시다.

성남시립병원설립 범시민추진위원회(범추위)가 만들어지고 이재명은 대표를 맡았다.

96

시립병원을 만들려면 시의회에서 근거 조례를 제정해야 합니다.

시립병원 설립하라!

성남시립병원설□ □진추진회 031-

그러나 시장도 시의회도 조례 제정에 시큰둥했다.

예산도 없고···

길이 있습니다. 지방자치법에 주민발의 조례 제정 조항이 있어요. 우리가 직접 조례를 발의하는 겁니다.

그래요, 해봅시다. 우리가 주민발의 조례 제정을 추진하면 시의원들도 마냥 무시하지 못할 겁니다.

끄덕

아니, 그들을 압박하기 위해서가 아니라 진짜로 우리가 발의해서 조례를 만들어보자고요.

진짜로?···

이재명은 물론 그가 대표로 있는 성남시민모임, 변호사 사무실, 노동상담소 상담자들까지 총동원되었다.

범추위는 주민발의 참여자 모집에 나섰다.

우리 힘으로 조례를 제정해 제대로 된 성남시립병원을 세웁시다.

성남시립병원 설립을 위한 주민발의 조례 제정을!!

주민발의 신청 지지서명

발의자로 참여하려면 어떻게 해야 하우?

번거로우시겠지만 거주지와 신원을 확인할 수 있는 서류를 제출해주셔야 합니다.

좀 귀찮긴 하구먼.

우리 모두를 위한 일입니다, 어르신. 이 큰 도시에 종합병원 하나 없는 게 말이 안 되잖아요.

활동가들의 맹렬한 활동과 시민들의 열렬한 참여 열기로

3주 만에 1만 8,595명의 발의자가 모였다.

자, 이제 시의회에 조례를 접수합시다.

와

조례 제정을 발의한 주민 1만 8,595명의 서류와 시립병원 설립을 지지하는 20만 명의 서명입니다.

2... 20만 명이 서명했다고요?

20만 명이면 구시가지 성인 거의 전분데...

그렇습니다. 그만큼 시민들은 간절합니다.

시의원들도 시민들의 표를 필요로 하는 사람들인데 무시하지 못 하겠죠?

개별적으론 그럴 텐데 시의회 다수당인 한나라당이 반대하는 입장이라 쉽지만은 않을 겁니다. 조례안이 상정되도록 좀 더 압박합시다.

이재명을 필두로 릴레이 노상 단식농성이 시작되었다.

의료공백 해소! 시립병원 설립!
시립병원 설립 조례제정 촉구!
릴레이 단식 농성
성남시립...립 범 시민 추진위원회

단식농성 1일
의료공백 해소!
시립병원 설립!
조례제정 촉구!
오늘의 참가자
이재명

의료공백 해...
시립병원 설...
릴레이
성남시...

식농성 7일
료공백 해소!
립병원 설립!
례제정 촉구
참가자 비공
스님

조례안 상정이 예고된 2004년 3월 24일 활동가와 시민 들은
지난 겨울의 고생을 생각하며 부푼 마음으로 시의회를 찾았다.

설마 부결되진
않겠죠?

성남시립병원 설립하라!

야당은 찬성하고 있고
여당 몇몇도 찬성의사를
밝혔으니 지켜봅시다.

부결시킨다면야
사람들도 아니죠.

이렇게 많은 수의
입장은 곤란합니다.
대표로 서른 분만
입장하는 걸로 하죠.

성남시립병원 설립하라

좋습니다.
양보하겠습니다.

두근두근 …

시민단체에서 조례안을
청구했다고 해서 무조건 상정해서
통과시키라는 것은 잘못이라
생각합니다.

?

성남의료원 설립이 필요한지를 판단할 수 있는 근거 자료가 부족하고 사전 타당성 조사가 제대로 이뤄지지 않아 이번 안건에 대한 심의를···

보류합니다.

심의를 보류한다?

사실상 부결이잖아.

뭐야, 장난해? 찬반토론도 없이 보류라니?!

눈보라치는 거리에서 고생하며 시민들의 뜻을 모아낸 건데 시민을 뭘로 아는 거야?

보류하는 이유라도 설명해봐, 이놈들아!

성남시의회는
이재명과 시민대표들을
특수공무집행방해로
고발했다.

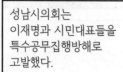

어떻게 감히
민의의 전당인
의회에서 그런
난동을 …

이재명은 시립병원 설립운동의
향후 방향과
고발당한 동지들에 대한
대책을 마련할 시간을 얻기 위해
인근 주민교회 지하실로
피신했다.

칼바람 부는 겨울에 그 많은
시민 활동가들이 고생하고
시민들이 자기의 염원을 담아
참여한 일이
한순간에 헛일이 되고 말았다.

토건마피아에겐
편법을 써가며
수천 억의 이득을
안겨주고, 연말이면
멀쩡한 보도블록을
갈아치우는 자들이
예산 타령을 하며
시민의 건강을,
염원을 깔아뭉갰다.

변호사님, 이제 어떡하죠?

우리가 병원을 만듭시다.

주민발의 조례도 막혔는데 무슨 묘안이라도?

우리가 시장을 합시다. 시장이 되어 시립병원을 만듭시다.

시민운동의 한계를 절감한 이재명이 정치를 결심하는 순간이다.

왜요? 안될 것 같아요?

아뇨, 못 할 것도 없죠.

이재명은 여러 활동가와 함께 기소되었고 벌금 500만 원을 선고받았다.

피고인석

변호사가 돼서 전과가 2범이네.

정치의 길에 들어서다

이대엽 시장의 조카가 농협으로부터 수십억 엔의 엔화를 대출받았는데 이 시장이 시 금고를 농협에 맡긴 대가로 보인다.

권 아무개 기자의 기사에 대해 이대엽 성남시장은 명예훼손으로 기자를 고소했고

검찰은 권 기자를 기소했다.

이재명은 무료변론을 자임했다.

사건을 살펴보니 권 기자의 기사가 사실인 모양인데 재판에 이기려면 확실한 증거가 필요합니다.

농협의 금융자료와 성남지청의 관련 서류를 비교해 보았는데요, 농협을 성남시가 금고로 지정한 날과 조카가 대출받은 날짜가 같네요.

옳거니, 그렇다면 일단 관련성은 분명하네요.

그리고 조카가 대출받을 때 적용된 금리가 시중금리보다 많이 낮아. 빼박 특혜인걸.

이 정도면 정황은 확보된 셈이고, 부정대출임을 입증할 증거만 찾아내면 게임 끝인데…

요기 있네요. 시장 조카가 사업자로 대출받았는데 사업자 등록증이 위조된 거네요.

이재명 측의 준비에 재판이 진행될수록 사안은 명백해져갔다.

벌을 받아야 할 사람은 피고가 아니라 권한을 남용해 조카에게 특혜를 제공한 이대엽 시장입니다.

지금까지 나온 사실들을 확인하기 위해 이대엽 시장을 증인으로 신청합니다.

받아들입니다.

이대엽 시장이 재판 출석을 거부하자 재판부가 강제구인을 승인했다.

끄응~

결국 강제구인 하루 전날 이대엽 시장이 고소를 취하하면서 재판은 이재명과 권 기자의 승리로 끝났다.

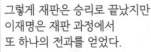

그렇게 재판은 승리로 끝났지만 이재명은 재판 과정에서 또 하나의 전과를 얻었다.

전과 3범

재판 승리를 위해서는 성남시 내부자의 도움이 필요했다.

바른 기사를 쓴 기자를 억울하게 만들면 안되잖아요.

그렇죠. 생각할 시간을 좀``

며칠을 망설이더니 전화를 걸어왔다.

변호사님, 뵀으면 싶은데요.

아, 네. 어디세요?

한걸음에 달려가 만났는데, 다시 망설였다.

죄송합니다. 아무래도``

네, 이해합니다. 그럴 수 있습니다.

그래도 혹 마음이 바뀌시면 아무 때고 연락주세요.

죄송합니다.

집으로 돌아와 옷을 갈아입는데

♪♪♪

다시 전화가 걸려왔다.

접니다. 말씀드리겠습니다.

다시 전화를
걸어왔다는 건
결심을 굳혔단 의미,
그 결심이
흔들리기 전에…

갔다
올게

이재명은 약속한 장소로
서둘러 차를 몰았다.

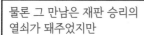

음주 단속에 걸렸고

……oo

150만 원의 벌금형을 받았다.

물론 그 만남은 재판 승리의
열쇠가 돼주었지만

조급한 마음이 부른
잘못된 선택은 씻을 수 없는
오점으로 남았다.

뭐 이 일은 변명의
여지없이 제가
잘못한 일이죠.

정치를 결심한 이재명은
2006년 지방선거에
출마했다.

이재명의 정치 진출 계기는
시립병원 설립 조례안의 부결.

그런데 선거가 가까워지자
돌연 조례안이
통과되었다.

그것도 만장일치의
통과라···
시민의 표가 필요하니까
달라지는군.

열심히 뛰었지만
이재명은 낙선했다.

경기도 기초단체 중 열린우리당의 승리는
한 곳밖에 없을 만치 열린우리당이
전국적으로 참패한 선거이기도 했지만,
사실상 완패였다.

열린우리당 이재명
7만 8,059표 득표,
한나라당 이대엽 17만 7,531표 득표
···

4년 뒤인 2010년,
이재명은 두 번째 도전에 나섰다.

정당 간 선거 판세도 4년 전과 달랐지만
이재명도 그때의 정치 초년생 이재명이 아니었다.

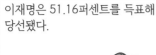
이재명은 51.16퍼센트를 득표해
당선됐다.

재맹아, 니 참 욕봤데이.
쫓기 댕기고 잽히다가고 …
그래도 하늘은 다
보고 있었던 기라.

히~

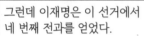
그런데 이재명은 이 선거에서
네 번째 전과를 얻었다.

피고 이재명,
벌금 50만 원에
처한다.

산성역 지하 횡단보도에서 명함을
배포했다는 이유로 선관위에 의해
선거법 위반 혐의로 고발된 데
따른 것이다.

상대인 한나라당 측은
지하철 역사는 물론
지하철을 타고 배포해도
불문에 부치거나
경고로 끝내고 …
법이 이렇게
편파적이어도
되는 겁니까?

그래도 당선 무효형이
아니어서 다행입니다.
시장님!

이재명 관련 기사엔 언제나 전과 4범 xx 운운하는 댓글이 달린다.

    - 전과 4범 이죄명이 미쳐가네ㅋㅋ
    - 전과 4범 XX가 내로남불 오지네
    - 다른 사람은 몰라도 전과 4범은 그런 말 할 자격 없지

토건비리와 끝까지
싸우다 얻은
검사사칭죄 전과,

시립병원을 만들기
위해 전력투구하다
얻은 특수공무집행
방해 전과,

한 기자의 억울함을
풀어주려다 잘못된
판단으로 얻은
음주운전 전과,

선거운동 과정에서
편파적으로
적용되어 얻은
선거법 위반 전과.

이런 내용을 모두 알고도 양심에 거리낌 없이
이재명을 전과 4범이라
욕할 수 있는 사람이 있을까.

가난이 자랑도 아니지만
그렇다고 부끄러운 것도 아닙니다.
제가 선택할 수 있었던 것이 아니니까요.
오히려 가난 때문에 저는 더 빨리 자랐고,
더 빨리 더 많이 세상을 알게 됐습니다.
가난이 죄도 아닌데,
가난해서 겪어야 했던 그런 부당함들에 대해서는
제가 유난히 민감했던 것 같습니다.
지독했던 가난에서 탈출했지만
저는 그때를 잊지 않고 있습니다.
사법고시에 합격했을 때 성남을 떠나지 않고
가난한 힘든 이들을 위해 일하겠다고 인터뷰한 것도
그 때문입니다.
제가 지금 정치를 하는 이유도
제가 탈출했던 그 가난과 절망의 웅덩이 속에서
여전히 고통받는 모든 분들에게
공정한 세상, 희망이 있는 세상을
만들어주고 싶어서입니다.

— 2022 대통령선거 후보 방송 연설 중(2022. 2. 22.)

3장

전에 없던 시장

부패즉사 청렴영생

시민운동을 통해 시장과 시의원들의 행태를 충분히 경험했던 새 성남시장 이재명.

시민들의 이익엔 아무 관심이 없고 기득권들의 이익을 위해 복무하며 자신들의 이익을 챙겼지.

시민을 위한 시정, 시민이 주인이 되는 시정을 하자!

네? 그랬다간 시장실이 시장통이 될 겁니다.

맞습니다. 그리고 쏟아지는 민원은 어떻게 감당하시려고요? 업무를 보실 수도 없을 겁니다.

전임 시장이 3,000억 넘는 돈을 들여 지은 호화 청사의 9층에 자리잡은 시장실은 전용 엘리베이터를 타고 올라가도록 되어 있었다.

이전 시장실은 시민을 위한 북카페로 만들어 시민 누구나 이용할 수 있도록 할 겁니다.

이재명은 먼저 시장실을 2층으로 옮겨 시민들이 아무 때고 드나들 수 있도록 만들었다.

허~참, 괜찮을까요?

걱정 마세요.

아니나 다를까 시장실은 민원인들로 넘쳐났다.

이재명은 민원인들을 만나 요구 사항을 들어본 뒤 수용할 만한 일은 담당 직원을 연결해주었고

할 수 없겠다 싶은 일은 그 이유를 설명했다.

오는 민원인을 막지 않았을 뿐 아니라 적극적으로 민원인을 찾아 나섰다.

각 동별 시민들과의 만남을 가져나간 것.

수백 명씩 시민들이 모여들었고

숱한 민원이 제기되었다.

자, 이렇게 하십시다.
각 동별 민원을
동 차원에서 할수 있는 일은
동에서 해결하고
안 되는 건 구청으로,
구청에서 안 되면
시청으로, 시청에서도
어려우면 시장실로
올리세요.

동별 시민들과의 만남은
해마다 두 달씩 진행되었는데

해를 거듭할수록
제기되는 민원이
크게 줄어들었다.

취임 첫해엔
민원사항이
이렇게
쌓였었는데
많이 줄었네요.

민원이란 게 뭡니까?
시민이 원하는 바,
시민이 불편을 느끼는 것,
뭐 이런 것들 아닙니까?
이런 걸 해결하라고
우리 공무원들이
존재하는 것입니다.

이재명은 아예 모든 시청 공무원들로 하여금
민원을 찾아 나서도록 했다.

시민들에게 뭐가
필요한지 살피고
시민들을 직접 만나
물어보세요.

제가 약속드리죠.
민원 해결이 아니라
민원을 많이
발굴하기만 해도
승진에 적극
반영하겠습니다.

이제 공무원들은
직접 시민들의
애로사항을
찾아 나섰고
해결해나갔다.

이재명은 또한 SNS를 시민들과의 소통 수단으로 적극 활용했다.

SNS를 통해 항상 시민의 목소리를 들었고 응답했다.

뿐만 아니라 SNS 시민소통관 제도를 운영했다.

여러분이 할 일은 민원에 실시간으로 대응하는 것입니다.

135명의 시민소통관이 시청과 구청, 각 주민센터에서 인터넷 민원 접수와 대응, 홍보를 맡았다.

시민들은 바로 반응했다.

모란역에서 분당 방향 1킬로미터 지점 1차선에 파인 곳이 있어 위험해보입니다.

띠롱~

담당자가 곧 출동하도록 하겠습니다.

오! 빠른데!

며칠 뒤

띠롱!

제기한 곳의 보수를
완료했습니다.
다른 불편한 점
있으면 멘션주세요.

와우!

SNS를 통한 시민과의 소통과
민원 처리는 만족도가 높았고
전국적인 화제가 되었다.

흥!
보여주기 식
행정의 전형
아녀?

물론 요런
반응도.

이재명은 5킬로미터가 넘는 출근길을
탄천 따라 걸어서 출근하는 날이 많았다.
주운 쓰레기를 담을 비닐봉지를 손에 들고서.

출근길에도 늘 시민들과 소통했고

시장실은 끝까지 누구나 찾을 수 있는 곳으로 남았다.

성남시장 이 재 명

이재명 이전의 민선 시장들은 모두 뇌물과 비리 혐의로 구속되었다.

당연히 그때마다 적지 않은 수의 공무원들이 연루되어 구속되거나 징계를 받았다.

시장이 되자마자 이재명은 공무원들에게 이렇게 강조했다.

검찰이 제일 좋아하는 먹잇감이 뭔지 아세요? 바로 공무원 비리입니다. 업자들을 잡으면 연루된 공무원들부터 불도록 합니다. 업자들도 이걸 아니까 우선 공무원들에게 제공한 향응, 뇌물 이런 것들부터 진술해서 자신들의 죄를 덜려고 하죠.

돈 한 푼, 술 한잔에 패가망신하는 선택을 해서야 되겠습니까? 돈이 마귀예요. 부패하면 즉사하고 청렴하면 영생합니다. 부패즉사, 청렴영생 이 여덟 자를 매일같이 아침 저녁으로 외워야 마귀에게 잡아먹히지 않습니다.

시청 화장실마다 부패즉사 청렴영생 여덟 자가 붙었다.

부패즉사 청렴영생

뿌리 깊은 부패가 이런 경고와 교육만으로 근절될 수는 없는 일.

진급을 위해서도 상사나 인사 담당자에게 뇌물을 건네는 게 비일비재하던 상황.

꼭 혜택을 바라서라기보단 불이익을 받지 않기 위해서라도 ㅇㅇ

승진 대상자를 상대로 논술 시험을 보거나

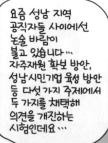

요즘 성남 지역 공직자들 사이에선 논술 바람이 불고 있습니다… 자주재원 확보 방안, 성남시민기업 육성 방안 등 다섯 가지 주제에서 두 가지를 채택해 의견을 개진하는 시험인데요…

앞서 본 대로 민원을 잘 찾아내는 이들에게 승진 점수를 주는 등

제가 약속드리죠. 민원 해결이 아니라 민원을 많이 발굴하기만 해도 승진에 적극 반영하겠습니다.

시민을 위한 일꾼에게 승진의 기회를 제공해서 인사 부정의 소지를 제거했다.

승진 축하해. 현장에서 열심히 뛴 보람이 있네.

평소 시정 방향을 고민해두지 않았다간 논술 답안을 작성할 수가 없더라고.

부정부패와 청탁비리는 익명으로 신고할 수 있습니다. 아무 때고 제 이메일이나 전화로 하시면 됩니다.

청탁이나 비리 신고가 들어오면 감찰팀이 즉시 출동해 사실관계를 파악했고 사실로 드러나면 엄격히 처리했다.

그렇게 고질적인 성남 공무원 사회의 비리가 획기적으로 개선됐다.

부패즉사! 청렴영생!

이재명이 시장이 되었을 때
성남시는 7,000억이 넘는
부채를 진 상태였다.

호화청사 신축,
방만재정으로
인해 생긴 것.

이재명은 우선 5,200억에 달하는
판교특별회계 전입금에 대해
모라토리엄(지불유예)을 선언하고

『판교특별회계 전입금 지불유예』 선언 기자회견
2010.7.12(월) 성남시

긴축재정을 폈다.

연말이면 연례행사처럼
보도블록 교체가
이뤄지곤 했는데 다
업자들 위한 거 아닙니까?

폐보도블록을 재사용한
보수가 이뤄졌다.

조경예산 등 전시성 행사를
대폭 줄이고 토목공사도
긴급한 것이 아니면
벌이지 않을 겁니다.

그렇게 첫해부터 1,000억 이상의
예산을 절감해 빚 갚는 데 썼다.

성남시장 이

그렇다고 모든 부문의
예산을 줄인 것은
아니었다.

시민들을 위한 복지 지출은
오히려 확대했다.
기초생활수급자 청소년들에게
무상교복을 지원했고

2013년엔 고교생들에게까지
친환경 무상급식을 실시했다.

그 동안은 급식비를 못 내서
배고프기도 했지만
점심 때마다 자릴
피해야 해서 창피했는데···

임기를 얼마 남겨놓지 않은 같은 해 11월, 이재명은 숙원이던 성남의료원 기공식을 가졌다.

성남시의료원 건립공사

그날 시립병원 건립을 위해 싸웠던 동지들과
막걸리 파티를 벌였다.

탄천운동장 운영에 한 해
100억이 들어갑니다.
보건소를 운영하는 데도
100억이 들어갑니다.
그걸 적자라고 없앱니까?
··· 의료 약자들을 위한
사업으로 회계장부에
몇십 억 마이너스가
표기된다 해도 이건
건강한 적자, 착한 적자로
읽어야 합니다.

기공식에서
이재명이
한 말이다.

성남시의료원 건립공사기공식

셋째 형, 그리고 형수 욕설

부패즉사, 청렴영생을 내세운 이재명이 가장 경계한 것은 가족을 이용한 청탁이었다.

형제들에게 당부했고

부정부패와 연루되면 전 바로 죽습니다. 저로 하여 혜택 볼 생각은 행여라도 하시면 안 됩니다.

형제들은 기꺼이 호응해주었다.

그래요, 오빠. 시청 근처엔 아예 얼씬도 안 할 테니 염려마세요.

걱정 말어.

그럼~

다들 이전에 하던 일을 그대로 해나갔고

둘째 형 재영은 동생을 위해 다니던 주방 회사를 그만두고

위에서 괜히 성남시 일을 따달라고 하면 골치 아파.

청소 회사로 옮겼다.

청소도 관공서나 기관은 사절.

그런데 셋째 형은 달랐다.

여보세요?
나 시장의
친형인데…

셋째 형은 이재명과 네 살 터울인데
형제 중에 가장 가까운 사이였다.

이재명 위의 형제들 중
유일하게 중학교를 나온 그는

동생에게 자극받아
같은 해 고졸 검정고시를
준비했다.

당시 중장비 정비 자격증을 따고
부산 근처의 건설 현장에
있던 터라
이재명이 수원으로 가서
원서를 받아 왔다.

수원에서 시험을 마치고

어땠어?
형!

모르겠다.
수학에
약해서…

이재명은 형을 수원역까지 바래다주었다.

형은 자신을 위해 사용한 원서 값에 용돈을 더해 동생에게 건넸고

동생은 그 돈으로 먹을 것을 사서 형에게 줬다.

가는 길에 심심하잖아.

마, 니 쓰라고 준 용돈인데... 고맙다, 짜슥.

중앙대에서 받은 장학금 중 매달 5만 원은 형의 학원비로 쓰였다.

형도 성적이 좋아 건국대 특대장학생으로 들어갔고

2학년 때 공인회계사 시험에 합격했다.

셋째 형은 그렇게 가족들 중 가장 먼저 가난의 속박에서 벗어났다.

그러나 몇 해 전 어머니에게 5,000만 원을
빌려줄 것을 요구했다가 거절당하자
폭언을 퍼붓고 나간 뒤

…

아버지 제사에도 오지 않던 형이다.

재명아, 형이다.
내가 성남시
인사와 정책을
자문하고 싶은데
자리 좀
마련해 봐.

아니, 형님!

무슨 말도 안 되는 소립니까?
가족이 시정에 개입하는 일은
절대로 안 됩니다.
이런 전화라면 다시는
전화하지 마세요.

성남시장 이 재 명

이후로도 청탁성 전화를
계속 걸어오자

이봐, 이 시장!
야, 이재명!

이재명은 통화는 물론
문자까지 차단해버렸다.

앞으로 형님한테
걸려오는 전화는
시장실로 연결하지
마세요.

아, 네…

그러자 형은 공무원들을
괴롭히기 시작했다.

비서실장님?
나 시장의 형
이재선인데
아무개 이번에
승진시켜야지.
그리고 아무개,
일도 못하는데
좌천시켜야지
않겠어?

감사담당관이죠?
나 시장의 친형인데
시장의 힘으로
이곳 대학의 교수 자리
하나 해줘. 그 정도
할 수 있잖아.

모든 요구를 거절당하고
이재명이 만나주지도 않자
공무원들에게 전화를 걸어
폭언을 퍼붓는 일이
이어졌다.

XXXX
XXXX
XXXX

이에 팀장급 이상에겐
형과 전화 연결을 못 하게
조치했는데,

죄송합니다.
자리에
안 계시네요.

하루에 한 번씩은 어김없이 엄마와
통화하며 수다를 떠는 이재명이다.

어, 엄마,
밥은 먹었어?

우리 시장 바쁜제?
내랑 쪼매 전화해도
괜않나?

셋째 형이었다.

연락이 되지 않자 어머니를 찾아가
재명에게 전화 걸지 않으면
집에 불을 지르겠다고 하여
연결된 통화였다.

성남시장 이 재명

며칠 뒤에는 더한 일이 있었다. 형과 형수가
이재명의 부인 김혜경을 만난 자리에서 형이
어머니를 상대로 해서는 안 될
욕을 퍼부은 것이다.

엄니?
칵 쑤셔버리고 싶어.
내가 나온 그XX구멍을
쑤셔버리고 싶다고.

소식을 들은 이재명에게 욕을 한 형과
그걸 옆에서 지켜보기만 한 형수는
더 이상 사람이 아니었다.

직후 형은 녹음본을 들려주며 말했다.

이거 공개하면
넌 아웃이야.
시장도 끝이라고.
어때, 쫄리지?
내게 와서
무릎 꿇고 빌어.

내가 왜?
공개하든 말든
맘대로 해.

형은 녹음 파일을 편집해 인터넷에 공개했고
시장을 둘러싼 이야기는 단연 화제의 중심으로
떠올랐다.

들었어?
와, 이 시장
장난 아니던데.

시장의 해명글
올라온 거 보니
형이 문제였던데.

암튼
막장 집안
아님?

근데 형도 참 이해가 안 가.
녹음 파일의 공개가
결국은 자신을 패륜아로
세상에 알리는 일이잖아.

그러게.
그보다도 동생이
망신당하는 게
더 좋았던 건가?

망신은 이재명만의 몫이 아니었다. 어머니와
형제들도 따가운 시선을 받아야 했다.

어린 시절 자신의 전부이며 신앙과도 같았던 어머니.
평생을 고생만 하다 이젠 연로하여 보기만 해도
안쓰러운데

세상의 손가락질까지 받게 된
것이 견디기 어려웠다.

그런데 형은 거기서
멈추지 않았다.

한 달이 넘게 지나
형과 형수는

어머니를 찾았다.

왔나?

어, 동생들도
있네. 니 마침
잘 만났다.

니는 와 내를 정신과 치료가
필요한 환자라고 써서
인터넷에 올렸드나?
당장 사과하고 내리그라.

먼 합니다. 어무이 집에
불을 싸지르겠다고
하는 기 정상입니까?
형님은 치료 받으셔야
합니다.

쩌자슥이
얻다대고…

펑 펑 펑

선풍기를 던지고

동생을 때리려다
어머니까지 치고

펑

여동생도 때렸다.

펑

소식을 듣고 다른 형제들이 달려왔을 때 셋째 형은 떠난 뒤였다.

이재명도 달려왔다.

야 이 ××××

형은 경찰에 연행되었고, 어머니가 신청한 접근금지 가처분 신청이 받아들여졌다.

자기 집에 들어가는 것조차 두려워진 어머니는 한동안 이재명과 막내딸 집을 오가며 지냈다.

몇 달 뒤 형은 이 시기 저지른 다른 죄까지 더해져 벌금 500만 원을 선고받았다.

상해, 건조물 침입, 폭행, 존속협박, 업무방해죄,

처음 적용되었던 존속상해죄는 어머니와 가족들의 요청에 따라 상해죄로 낮춰졌다.

그리 되모 회계사 일도 못 한다 카던데.

알았다 엄마.

폭행 사건에 앞서 어머니와 형제들은 연명으로 성남시 보건소에 형의 정신과 진단을 요청했었다.

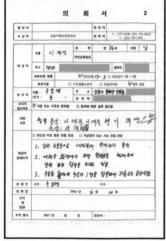

사실 이즈음의 형은 새누리당 의총장에 난입해 소란을 일으키고 롯데백화점에서 행패를 부리는 등 이해 못할 모습을 계속해서 보이고 있었다.

피고인은… "일요일에 새누리당 성남시의회 의장 후보를 선출하는 것은 불법이다. 이재명이 나를 정신병자로 취급하고 있는데 왜 아무런 조치를 취하지 않느냐"라고 항의하는 등 약 15분간 욕설을 하고…

피고인은… 롯데백화점 지하2층 의류 매장에서 "누가 여기서 장사를 하라고 했느냐"라고 소리를 지르며 진열대와 옷걸이를 발로 차고… "여기서 옷을 사지 마라"라고 말하는 등 약 20분간 소란을 피워 손님들이 위 매장을 떠나게 하였다.

– 판결문 중

그러나 경찰 수사로 인해 형이 조용해진 점,

진단을 집행했을 경우 받아야 할 정치적 부담감 등으로 인해

진단은 집행되지 않았다.

이후 형의 증세는
더욱 심해졌고 죽어버리겠다며
덤프트럭에 돌진하는
사고를 내기도 했다.

2014년 11월, 결국 증세를
견디다 못한 형수와 조카가
형을 경남 창녕에 있는
국립부곡정신병원에
강제입원시켰다.

형이 비서실을 통해
전화를 걸어왔다.

내 지금
정신병원에
갇혀 있다.
내 좀 빼내도.

그래도 피를 나눈 형제인지라
이재명은 형제들과 함께
병원을 찾아갔다.

죄송하지만
입원시킨
직계가족의
동의 없인 면회가
안됩니다.

이후 상태가 호전되어 풀려난 형은
박사모(박근혜를 사랑하는 모임)
성남지부장을 맡아 활동하는 한편

동생에 대한 비난을
이어갔다.

동생이 직권으로
나를 정신병원에
강제입원시켰어요.

이상이 대체적인 형제간 잔혹사다.

형제들 중에서
가장 가까웠고
함께 가난 탈출에
성공,

시장 당선 후
적대적 관계로,

형의 패륜적 욕설과
이에 대한 항변 과정에
형수 욕설로 명명된
이재명의 욕설과
통화 녹음 공개

이상의 설명은 기사와 판결문 등을 참조했지만 아무래도 이재명 측의 설명에 많이 의존한 게 사실이다.

이에 대해 고 이재선 측은 이렇게 반박한다.

시정 개입, 청탁? 그런 일 없다.

회계사 입장에서 모라토리엄 선언을 비판하는 등 줄기차게 시정을 비판하는 글을 게시판에 올렸을 뿐.

이에 형제 간 갈등이 심화됐고 동생이 형을 정신병자로 몰아감.

어머니와 동생까지 합세하자 분개해 동생을 폭행한 것.

가족에 의한 강제입원은 사실이나 이때의 정신병은 앞에 겪은 일들로 하여 나중에 생긴 일.

근데 이쯤 되면 관련된 가족들과 관계자들을 인터뷰해 객관적 사실 관계를 파헤친 보도가 있어야 하는 거 아냐?

내 말이. 그냥 논란 자체를 자극적으로 보도하거나 정치적 필요에 따라 부풀리는 게 다인 듯.

결국 각자의 상식에 비춰 판단해야지 뭐.

어쨌든 이 일로 이재명은 전과 4범에 필적하는 악명을 얻게 되었다.

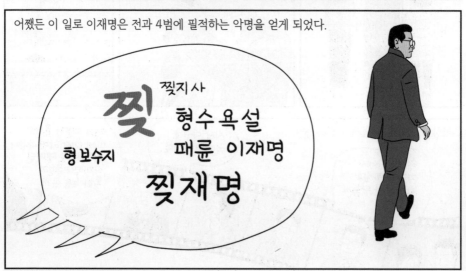

찢지사
찢 형수욕설
형보수지 패륜 이재명
찢재명

대장동 사업

변호사 시절 백궁 정자지구의 부당한 용도변경과 특혜분양 비리를 파헤쳤던 이재명. 당시 그가 분노한 것은 이런 이유에서였고,

> 허가권을 가진 시장이 토건업자들을 위해 불법 용도변경을 해줘 시민의 이익을 멋대로 침해한 것.

2010년 성남시장이 되고 나서도 문제의식은 여전했다.

> 시장이 지닌 허가권은 당연히 시와 시민의 이익을 위해 쓰여야지.

2008년경 엘에이치에 의한 성남시 대장동 공공개발이 추진 중이었다.

그런데 이상한 흐름이 있었다. 일군의 세력이 강제수용 예정 토지를 시가의 두세 배를 주고 대거 사들이기 시작한 것.

> 강제 수용이 예정된 토지를? 이건 뭔가 있는데.

뒤에 밝혀진 일이지만 그들의 토지 매입 자금은 부산저축은행으로부터 부정 대출 받은 1,800억여 원이었다.

아니나 다를까, 상황에 변화가 생긴다.

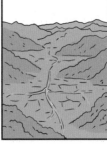

당시 이명박 대통령.

LH는 민간기업이 이익이 나지 않아 일하지 않겠다는 부분을 보완해야 합니다. 수익나는 개발사업에서 손을 떼야 하겠습니다.

함께가요, 더 나은 미래
한국토지주택공사 출범식

그러자 국정감사에서 성남에 지역구를 둔 신영수 의원이

대통령의 발언을 언급하며 엘에이치 사장을 질타했다.

주민들이 민간에서 추진하려고 추진위원회까지 구성했는데 LH가 개발하겠다는 건 문제 아닙니까?

몇 달 뒤 엘에이치는 진행 중이던 개발 사업 중 138개의 철회를 검토했는데 여기에 대장동도 포함되었다.

우리 로비가 먹힌 건가.

도움은 됐겠지. 신영수 의원 동생에게 준 뇌물만 수 억인 걸.

암튼 이제 일이 반은 이루어진 셈이지.

이재명이 시장이 된 것은 바로 직후의 일이다.

이제 대장동은 완전히 민간개발로 넘어갈 분위기네.

그렇게는 안 되지!

대장동 개발사업을 성남시가 주도하는 완전 공공개발로 하고 그로 인해 발생하는 개발이익은 시민에게 돌려줘야죠.

완전 공공개발? … 이재명 쟤 뭐야?

지가 뭔데 다 돼가는 밥에 코를 …

개발을 위해 4,526억 원의 지방채를 발행하려 했는데 새누리당이 다수인 의회가 연거푸 부결시킨다.

의 장

이재명은 차선책을 선택한다.

할 수 없네요. 그렇다면 민간과 우리 성남시가 공동으로 개발합시다.

이를 위해 성남도시개발공사를 설립하지만

성남시의 개발 참여에 대한 의회의 반대는 여전했다.

부동산 경기가 엉망인데 우리 시가 참여하는 건 위험합니다. 모두 민간에게 넘겨야 합니다.

잘한다

옳소!!

양측의 입장이 평행선을 달리면서 실제로 사업이 본격화된 것은 재선이 되고 나서인 2015년 이후의 일이다.

자, 밀린 일 시작합시다.

구시가지의 제1공단을 공원화하는 데 2천5백 억 이상이 들어갈 텐데 이를 대장동 개발과 결합시켜 진행합시다.

민간사업자를 경쟁 공모해 하나은행 컨소시엄을 선정하고, 성남도개공과 함께 대장동 개발을 책임질 성남의뜰이 설립됐다.

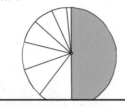

성남도개공이
50% 지분+1 주
컨소시엄이
50% 지분-1 주

컨소시엄 참여자로 전체 진행을 맡게 된 이들은 이전부터 땅을 매입하며 민간개발을 주도해온 바로 그 세력이었음이 나중에 드러난다.

1조가 넘게 들어가는 사업인데 우리 시장님의 원칙은 말입니다. 성남도시개발공사는 25억만 부담하고 일체의 위험부담을 지지 않는다는 것.

즉 사업 실패나 손실 발생 위험을 모두 귀측에서 떠안아야 합니다.

여부가 있겠습니까?

그리고 1공단의 공원화 사업을 책임지고 우리 성남도개공엔 1,822억을 우선 배당해야 한다는 것, 이상입니다.

뭐야, 그럼 우리 마진은?

그래도 하는 게

쓱덕 쓱덕

알겠습니다.

그렇게 이재명은 민간개발을 민관 공동개발로 바꿈으로써 4,383억 원의 공익 환수를 확정했다.

이듬해엔 실시계획을 인가하면서 추가로 요구하기를

터널공사와 배수시설, 진입도로를 만들어 기부채납할 것, 그리고 1공단 주차장까지 책임져달라십니다.

엥?......

그렇게 1,120억 원의 추가 환수가 이루어졌다.

후~ 알았시다.

자, 그럼 서명~~~

사업 주체인 김만배 등은 이렇게 욕했다지.

이재명 이 X같은 놈!

공산당 같은 XX

물론 그래도 사업은 이어졌다. 사업 주체들은 여전히 남을 게 있다고 본 것이고

이재명은 시장의 권한인 허가권으로 5,000억 원이 넘는 이익을 성남시와 시민의 것으로 만들었다.

토건비리와 타협 없이 싸워온 이재명,

시정의 주인은 시민이어야 한다는 믿음의 공직자 이재명이 일궈낸 눈부신 성과다.

대장동 사업은 시장으로서의 나의 최대업적!

그런데 불과 몇 년 뒤 진실이 뒤집혀 대장동 사업은 사상 최대의 기초자치단체 비리가 되고 이재명은 유례없는 토건비리 혐의자가 되고 만다.

마치 전쟁 영웅을 적과 내통한 반역자로 둔갑시키듯, 이재명을 악마화한 이들은 상상 못할 역전을 이루어냈다. 그리고 그 역전은 그의 인생뿐 아니라 나라의 운명까지 극적으로 바꿔놓았다.

재선 그리고 3대 무상복지정책

첫 번째 임기를 다하기 전 이재명은 5,731억 원의 부채를 현금으로 갚고 모라토리엄 졸업을 선언했다.

한국매니페스토실천본부는 공약이행평가에서 성남시를 2013년, 2014년 연속 최우수 등급으로 선정했다.

공약이행률 96% 래. 이게 말이 되는 수치야?

그러게. 공약은 원래 빌 공(空)자 공약이란 게 정설인데.

인터뷰에서 이재명은 답했다.

실현할 수 있는 공약만 내걸고, 내걸면 반드시 지키면 됩니다.

변호사 시절 가졌던 자세의 연장이다.

해볼 만한 사건만 수임하고 수임하면 최선을 다해 이기도록 한다.

형제와의 분란, 욕설 녹음 공개 등 시끄러웠지만

이재명의 시정에 대한 시민 만족도는 79.9퍼센트로 대단히 높았다.

이 시장이 되고 나서 공무원들도 완전 달라졌어.

우리 시장 일 잘하지.

맞아. 친절하고 빨라.

이에 힘입어 이재명은
2014년에 치러진 지방선거에서
무난히 재선에 성공했다.

득표율이
무려 55.05%

민주당의
무덤이라는
분당에서도
8.9%P 높게
이겼어요.

재선에 성공한 뒤 본격적으로
자신의 생각을 펼쳐나갔다. 2015년에
무상 공공산후조리 정책으로 포문을 열더니

성남시 관내 구별로
공공산후조리원을
설치하여
조리원 이용료 등
산후조리비를
1인당 50만 원
지급할 것입니다.

이듬해에는 공약사항인 3대 무상복지정책을
시행한다고 선언했다.

우리가 아낀 예산으로
무상 공공산후조리에 56억,
중학교 신입생 무상 교복에
25억을 책정했으며
청년배당에 113억을 쓸
것입니다.

산후조리지원

무상교복

청년배당

시민이 행복한 성남

성남사랑
상품권

3년 이상 성남에 거주한
만 24세 청년에게
1/4 분기 배당금
12만5천 원을 지역화폐로
지급합니다. 지역화폐는
성남시에서만 사용이
가능합니다.

한 기초단체장의 행보에 세상은 뜨겁게
반응했다.

청년배당?
그냥 돈을
준다는 거야?

와씨~ 성남으로
이사가야 하나?

미쳤군.
버릇 나빠지게
돈을 왜
그냥 줘.

진보 진영이 대체로
환영한 반면

지지한다.

보수 진영은
비난에 나섰다.

매표행위!

정치권에서는 여당 대표가 직접 나서서
공격에 가세했다.

청년 배당 정책은
청년의 마음을
돈으로 사겠다는
전형적인 포퓰리즘으로
정말 옳지 못한
행위입니다.
주민 세금으로 유권자를
매수하는 행위는 결국
부메랑이 돼서
주민심판을 받게 될
것입니다.

이재명은 곧바로 되받았다.

청년배당은
미래가 없는 청년들에게
관심을 갖고 있다는 것을
보여주는 것입니다.

포퓰리즘은 표를 위해
공약해놓고 나몰라라 하는
정부 여당 아닙니까?

언론은 연일 청년배당을
비판했지만

포퓰리즘 정
표몰이복지 판친다
성남지청 이재명 청년배당

이재명 공짜복지
상품권 상당수가 술값으로

청년들은 이재명의 정책에
지지를 보냈다.

니는 좋겠다.
성남이라서.

상인들도 환영했다.

골목상권이
살아나는 게
느껴집니다.

순대국

정육식당

삼겹살
갈비

2015년에 이미 한국갤럽 차기 정치 지도자 선호도
조사에서 1퍼센트를 얻었던 이재명은 어느덧
무시 못할 정치인으로 중앙무대에 떠오르고 있었다.

이재명이다!

이 시기 한 신문은 이재명을 당시 미국 대선에서 돌풍을 일으키던 버니 샌더스와 비교하며 다음과 같이 둘의 공통점을 열거했다.

1. 기득권과 타협하지 않고 투쟁한다.
2. 국민들의 참여를 강력히 요구한다.
3. 풀뿌리 조직들의 지원을 받는다.
4. 세상을 바꾸고 있다.

마지막 '세상을 바꾸고 있다'라는 항목에서는 이렇게 덧붙인다.

이재명 성남시장의 성남을 '성남민국', '성남공화국'이라 부르기도 한다.
이 시장은 한국의 226개 기초자치단체 중 일개 시장이다.
하지만 이재명 시장의 돌풍은 한국 정치계에서 큰 파란을 일으키고 있는 것만은 사실이다. 한국 정치계에선 처음에 반짝 폈다가 사라지는 '신기루'에 불과하다고 애써 폄하했지만 그는 신기루가 아닌 '신드롬' 돌풍을 일으키고 있다.
《헤럴드경제》, 2016. 2. 5.

이재명

성남시장

이재명 시장

돌풍을 잠재우기 위해 정부는 무리수를 둔다.

지자체가 시민복지사업비를 늘리면 중앙정부의 교부금을 그만큼 줄이겠답니다.

이재명은 곧바로 헌법재판소에 권한쟁의 심판을 청구하는 한편

지자체장의 자치권을 침해하는 것이자 관련 법조항은 위헌 소지가.

3대 무상복지 예산의 절반을 바로 집행해버린다.

이 액수는 중앙정부가 정해둔 복지예산 범위를 벗어나지 않으니까 문제없으니 집행합시다. 나머지 절반은 승소한 뒤 집행하도록 하죠.

힘 있는 정부의 대응은 계속된다.

정부는 지자체의 독자적인 복지사업을 폐지하고 신규 복지사업도 금하기로 했습니다.

지자체의 세무조사권도 없애기로 했습니다.

그리고 결정타.

지방재정법 시행령을 개정합니다. 지방의 형평성을 강화하기 위해 재정자립도가 높은 성남, 수원, 고양, 용인, 화성, 과천 등 6개 도시에 대한 우선배분 특례조항을 폐지하고 시·균조정교부금 배분 기준 가운데 재정력지수 반영 비중은 높이고 징수실적 비중은 낮추게 됩니다.

그럴싸하게 설명하고 있지만 결국 우리 성남시 등엔 1,000억 가까이 교부금이 줄게 되네. 지자체를 모두 적자로 만들어 철저히 중앙정부의 말만 듣도록 만들겠다는 것 아닌가?

관련 지자체에서 모두 반발했지만

아, 수원시장님. 그렇죠. 말도 안 되는 소리죠.

민주당에서는 별 대응이 없었다.

......

이재명은 시행령을 저지하기 위한 무기한 단식농성을 선택했다.
(2016. 6. 7.)

김대중 대통령이 살리고 노무현 대통령이 키우고 박근혜 대통령이 죽이는 지방자치를 지키겠습니다!

광화문에서

이재명이 단식투쟁 장소로 선택한 곳은
광화문.

광화문에서는 세월호 가족들이
진상조사를 요구하며
농성을 이어오고
있었다.

세월호 참사가 발생한 후
정부의 대응에 분노한 이재명은
시청사를 비롯해 구청사, 도서관
등에 세월호기를 게양해
아픔을 함께해오고 있었다.

세월호 리본과
관련한 '버럭 영상'은
유명하다.

그 노란 리본 좀
안 달면 안 돼?
지겨워서 그래.

우리 어머니 자식이
죽어도 그런 소릴
할 거예요?

내 자식과 남의 자식이
왜 다릅니까?
같은 자식입니다.

우리 어머니 같은
사람이 나라를
망치는 겁니다.

세월호 가족들이 있는 곳에
이웃하여 단식농성을 이어갔다.

농성을 하며 시청의 간부들과 시장으로서의
업무를 봤다.

시장 상인을 비롯한 성남시민들이
격려차 찾아오고

뜻에 동감하는 각계의 응원이 이어졌다.

민주당 의원을 비롯한
정치인들의 격려 방문도
점점 많아졌다.

단식 11일째, 당시 민주당을 이끌고 있던
김종인 비대위원장이 찾아왔다.

이제 이 시장님의
뜻을 이어
우리 민주당에서
책임지고 해결할 테니
그만 단식을 푸세요.

알겠습니다.
당을 믿고
중단하도록
하겠습니다.

세월호 유가족들과 인사하고
농성장을 떠났지만

오래지 않아 다시 광화문을 찾게 된다.
촛불정국이 시작된 것이다.

대통령은 특별한 존재가 아닙니다.
우리가 낸 세금으로 우리를 위해
봉사해야 하는 머슴일 뿐입니다.
그렇지 않습니까?

이자들은 절대로 스스로 내려오지 않습니다.
우리가 싸워야 하고 내려오지 않을 수 없게
만들어야 합니다. 그러므로 정치권은 즉각
탄핵절차에 들어가야 합니다.
우리가 이 나라의 주인임을 증명합시다.

와

거대한 촛불의 힘은

결국 박근혜를 탄핵시켰다.(2017. 3. 10.)

주문! 피청구인
대통령 박근혜를
파면한다!

촛불광장에 모였던 시민들은 이재명을 주목했고,

가장 먼저
광장으로
달려나왔고

가장 먼저
탄핵을 외쳤고

이재명…

주권자인 국민의
마음을 헤아리는
사이다!

유력한 대권주자 반열에 올려세웠다.

이재명이
…

이에 화답해 이재명은 민주당 대선 경선에 뛰어든다.

전국적인 선거를 치러본 경험도,
치를 돈도, 조직도 없는 형편.

하지만 내게도
무기는 있지.
SNS!

일찍이 이렇게 말했던 그다.

SNS는 보수언론의
허위보도, 왜곡조작에
해명하고 싸울
유일한 보호수단.

그래서 죽기살기로
합니다. SNS는
내가 살기 위한
수단입니다.

실제로 그는 보수 언론과 정부·여당의 공격에
SNS란 무기를 들고 단기필마로 싸워왔다.

울 시장님 진짜
신세대셔.
걸어다니면서까지
문자 삼매경이네.

쉿!
전투중이셔.

그렇게 SNS는 이재명에게 자신의 입장을 밝히는 언론이었을 뿐 아니라

그를 응원하는 지지자들을 결집하는 장이기도 했다.

이 시장님 멋있어요

새 시대의 어젠다를 만들어내는 시장님~

사이다 이재명에서 희망을 본다

광화문에서 연설을 듣는데 바로 제 심정이에여 핫팅임다

촛불혁명의 정신은 오직 이재명-아자!

한다면 하는 이재명 믿는다 이재명

이재명은 그들을 이렇게 불렀다.

적극적으로 개혁에 대한 의견을 밝히고 댓글을 달고 좋아요를 늘려 세상을 혁명하는,

손가락혁명군!

광주에서 열린 손가락혁명군 출정식에는 전국에서 7,000명 넘는 시민이 모여들었다.

손가락 혁명군
손가락혁명군
손가락
손가락 혁명군
손가락 혁명군
손가락혁명
가락혁명군
손가락
손가락혁명군

열렬한 지지와 성원 속에 한때는 지지율에서 선두권에 다가서기도 했다.

이재명 호남에서 선두권 위협

민주당 경선 뜨거울 듯

이재명 지지도 급상승, 1위 넘보나

그로 인한 우쭐함도 있었다.

으쓱

2위권 후보의 기본 전략이
대개 그렇듯

1위 후보의 과반 득표를 저지하고 경선투표에서 역전을!

경선 과정에서 1위 후보인 문재인 후보를
날카롭게 공격했다.

이런 행보는 그의 지지자인
손가락혁명군의 날선 비판과
더해져

문재인 후보 지지자들에게 적잖은 앙금을 남긴다.

아직은 그의 시간이 아니었다.

문재인 후보가 57%를 득표하며 민주당의 공식 대선후보로 선출되었습니다.

와

이재명은 근소하게 2위에 밀려
3위를 차지했다.

21.5%   21.2%

이재명은 성남시장으로 돌아왔다.

대선 결과는 모두가 예상했듯 문재인이 승리해 제19대 대통령에 취임했다. (2017. 5. 10.)

문재인 정부가 출범한 이듬해인 2018년에는 제7회 지방선거가 예정돼 있었다.

우리 시장은 어찌하려나? 3선에 도전할까?

에이~ 이젠 대선주자급인데 성남은 너무 작지.

언론에선 경기도지사 출마가 유력하다던데.

나도 경기도지사에 한 표!

성남시장 3선 도전과 경기도지사의 갈림길에서 세간의 예상대로 이재명은 경기도지사 도전을 선택한다.

고난의 시작이었다.

나는 스스로 내가 아웃사이더라는 걸 잘 안다.
때문에 '변방'에서 국민의 삶이 나아지도록
여러 형태의 복지정책을 펼쳐왔다. 복지야말로 민생이기 때문이다.
지방정부도 하나의 정부로서 시민들을 보듬고
다시 뛸 수 있게 격려해야 한다고 믿는다. (…)
어렵게 살아왔기 때문에 소외된 사람들에게
국가가 어떻게 해줬으면 좋겠다는 생각을 늘 해왔다.
정책은 추상적이어서는 안 되고
피부에 와닿는 것이어야 한다는 게 나의 소신이고 가치다.
아웃사이더로서 지내온 내 삶이야말로
나의 아이디어 뱅크이고 정책 추진력의 원천이다.
나는 시민들과 함께 민주주의와 지방자치가 살아 있는
성남시를 만들어왔다. 그리고 기회가 된다면
이런 실천적 철학을 더욱 넓은 범위로 확산하고 싶다.
꼬리를 잡고 흔들면 몸통도 흔들리는 사회,
꼬리의 성공에 따라 물 흐르듯이
몸통도 변하는 사회가 합리적인 사회다.
성남에서 '정의'는 대한민국에서도 '정의'인 사회를 만들어야 한다.
성남의 '성공'이 대한민국의 '성공'이라는 또 다른 꿈을 꾼다.

《이재명, 대한민국 혁명하라》, 이재명(2017)

4장

고난의 시간

시련의 시작
대장동 대선
살아남다

시련의 시작

경기도지사 선출을 위한
민주당 경선에 이재명과
전해철, 양기대 셋이 나섰는데

세상의 관심은 이재명과 전해철의 대결에 쏠렸다.

아무래도
이재명이지.
강력한 차기
대선주자이자
대중의 지지가
강력하잖아.

전해철도 만만찮아.
열혈 친문이
지지하는걸.

민주당 경기도 의원
80%가 지지 선언을
했더라고.

대선 과정에서 날카롭게 대립했던
양측 지지자들이 어김없이
날선 공방을 주고받았다.

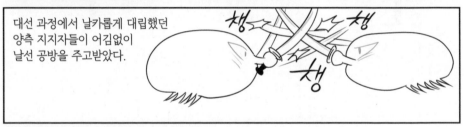

챙 챙 챙

그 과정에서 전해철을 지지하던 이들은
한 트위터 계정에 주목한다.

우리 문통을 비하하고
전해철이 자유한국당과
손잡았다고 모함하는
글을 쓴 이자 말야,
김혜경 아냐?

이재명 부인?
맞네, hkktm!

성남 살고 아들이
둘이고. 딱이네.

오! 딱 걸렸어!

그들은 이 계정주를 '혜경궁 김씨'라 부르며
이슈화시켜 나갔다.

민주당은 온통
혜경궁 김씨 얘기네.
작명 죽인다.

그걸로 이재명을
엄청 몰아붙이던데.

전해철 측이
허위사실 유포 혐의로
선관위에 고발했더군.

친문한테 이렇게
밉보여선 이재명이
어렵겠는걸.

논란에도 불구하고 경선 결과는
이재명의 압승.

59.96%   36.8%

탈락자인 전해철은 기꺼이 결과를 수용하고
지원을 약속했지만

우리는 원팀!
이재명을 중심으로
뭉쳐야 합니다.
어떤 지원도
마다하지
않겠습니다.

경선 과정에서 전해철을 지지했던 일부는
여전히 이재명을 향한 공격을 멈추려 하지
않았다.

뭐래, 전해철!
우린 문파지
당신 지지자가
아냐.

당신이 뭐라 하든
이재명은 절대 안 돼.

틀림없이 문통 뒤에서
칼을 꽂을 위인이야.

문재인 대통령을 지지하는 '문파'임을
자부하면서 여당 후보가 아닌 야당 후보
남경필을 지지하는 초유의 상황이 전개됐다.

차라리
남경필을
말자!

남경필 다시 보니
매력있네.

파도 파도
미담이던걸.
이재명 아웃~

나는
문파다
남경필을
지지한다

본선 과정에서 그들의 강력한 우군이 되어준 이는
당선권에서 거리가 먼 바른미래당 김영환 후보였다.

여배우 아시죠?
형과 형수에 대한 막말,
친형 정신병원 강제입원 시도,
혜경궁 김씨 의혹, 검사사칭 전과
공무집행 방해 … 도지사가
돼선 절대 안 될 사람이에요!

이재명   김영환

잘 한다~

이재명
떨어뜨리는 게
목표인 듯.

우리랑
뜻이 같네.

특히나 세간의 관심을 주목시킨 건
여배우 스캔들이었다.

이거 오래된 얘기잖아.
이재명으로 추정되는 이와
잤다고 얘기했다가
논란되니까 부인했었지.

그 후로도
성남의 가짜총각
어쩌고 하며
공격하곤 했었어.
아무래도 뭔가
있긴 있나보지.

여배우는 '난방열사'로 화제가 된 김부선.

2016년에 다시 페이스북에 글을 올려 공격하자 이재명은 법적 대응을 예고하며 입장을 밝히고

집회에서 몇 번 만난 적이 있고 같이 식사도 한 바 있습니다. 이후 그분이 변호사 사무실에 찾아와 양육비 관련해 사무장과 상담하고 양육비를 이미 받은 터라 소송이 어렵다고 해서 돌아간 일이 있습니다.

관련한 카톡도 공개했다.

이미 양육비 소송에 합의하고 양육비를 받으셨던데요?

○○ 근데 리필 안댐?

그땐 내가 뭘 몰랐음.

안타깝긴 한데 법이 그래서 안 됩니다.

포기하셔야 해요.

해준다고 해놓고 이제 와서 이러면 넘나 서운한 것

이런 것도 못 하면서 변호사 함?

이에 김부선은 사과 글을 올렸다.

양육비 문제로 고민하다가 이재명 변호사에게 자문을 구한 일이 있습니다. 그런데 결국 제가 생각했던 것과 달리 좋지 않은 결과로 끝이 났었어요. (…) 이재명 시장에게 미안합니다. 이재명 시장과는 이런 일 외엔 아무 관계가 아닙니다.

그런데 경선 과정에서 바른미래당 김영환 후보가 그녀의 주장으로 이재명을 공격하자

여배우 알죠? 옥수동 아파트에 간 일 있죠? 몇 번 갔어요?

김부선은 언론과의 인터뷰를 통해 다시 저간의 주장을 확대·반복한다.

이재명이 나를 태우고 바닷가로 가서 사진도 찍고 낙지 먹고 이재명이 카드로 계산했다.

2007년부터 15개월 (처음엔 9개월이라 했다가 바뀜)간 내 옥수동 아파트에서 밀회를 가져왔다.

2009년 5월 22일 이재명이 전화해서 '비 오는데 노무현 대통령의 영결식이 열리는 봉하마을에 가지 말고 옥수동에서 만나자'고 했다.

아무런 증거도 없었지만 언론은
사실관계를 파악하지도 않고
연일 대서특필했다.

궁색해지자 몇몇 사진(이재명이 찍었다는 사진, 찍어주는
이재명, 낙지 먹은 횟집)을 증거인 양 올렸지만

모두 거짓이었다.

극심한 마타도어 속에서도 이재명은 무난히
경기도지사에 당선되었다.(2018. 6. 13.)

그러나 당선 뒤에도
선거 과정의 논란들은
계속해서 그를 괴롭혔다.

얼마 뒤엔 김부선이 소설가 공지영과 나눈 통화가 공개돼 핫이슈로 떠올랐다.

\\\ 사이에 큰 점이 있어요

대박대박!

낄낄

와! 이게 진짜면 이재명 끝이네.

이재명은 즉각 경찰에 출두해 신체검증을 받겠다고 통보했으나 경찰이 유보했다.

늦췄다간 그 사이 점을 뺐다고들 하겠지.

이에 아주대병원에 의뢰해 피부과 전문의, 성형외과 전문의, 경기도청 출입기자 3명 앞에서 검증을 받았다.

언급된 부위에 점의 흔적이 보이지 않고 레이저 흔적, 수술이나 절제 흔적도 없습니다.

그렇게 여배우 논란은 어느 정도 일단락되었다.

그 후로 여배우랑 작가는 사과는 했나?

무슨~ 서로 싸우느라 바빴던데.

'혜경궁 김씨' 건에 대해 경찰은 김혜경을 기소의견으로 검찰에 송치했다.

해당 트위터 계정주가 김혜경 씨와 동일인이란 판단을 내렸습니다.

경찰은 제 아내가 아니라는 증거가 차고 넘치는데도 비슷한 것들을 몇 가지 끌어모아서 제 아내로 단정했습니다. 침을 뱉어도 이재명에게 뱉으십시오. 무고한 가족을 끌어들이지 마시고요.

이재명의 편일 리 없는 검찰이 뜻밖에 불기소처분을 내렸다.

그 아이디와 비번은 여러 명에게 공유돼 사용된 것으로 보여 게시한 글을 쓴 사람을 특정인으로 지목할 수 없다는 것이 검찰의 판단입니다.

더 성가신 일은 선거 과정에서 남발된 고발 건이었다.

바른미래당 측에서 친형 강제입원, 김부선 스캔들, 검사사칭, 조폭연루설 등과 관련해 고발한 것과

자한당 측에서 대장동 업적을 과장했다 하여 고발한 일로 재판이 진행됩니다.

이재명 측이 김영환, 김부선을 고발한 건은 증거가 분명했지만

심지어 2009년 5월 23일, 24일엔 제주에 있었단 것도 확인됐죠.

2009.5.23 우도 졸레에서

불기소 처리되고

증거 불충분!

^^

이재명은 고발된 혐의들 중 세 건이 기소되었다. 토론 과정에서 이렇게 답한 것과

친형을 정신병원에 강제입원 시키려고 시도했잖아요.

검사를 사칭했죠

그런 일 없습니다.

사칭하지 않았습니다.

이재명 후보

김영환 후보

선거홍보물에 대장동 업적을 과장해 공표했다는 이유였다.

대장동 개발 사업으로 5,503억을 벌었다고 한 건데 뭐가 문제야? 사실 아니었어?

사실인데 5,503억이 아직 들어오는 중인 걸 벌었다고 과거형으로 표현한 게 문제라나 봐.

20여 차례의 재판 끝에 1심 법원은 모두 무죄를 선고했다.

사법부가 인권과 민주주의의 최후 보루임을 확인해준 재판부에 감사와 존경의 마음을 표합니다.

그러나 2심은 친형 강제입원과 관련해 당선무효형에 해당하는 벌금 300만 원을 선고했다.

헐~

다행히 대법원은 7:5로 무죄를 선고했다.
그렇게 사법적으로 죽기 직전에 회생했다.

사건	혐의	1심	2심	대법원
친형 강제입원	직권남용 권리행사방해	무죄	무죄	무죄
	허위사실공표 (공직선거법 위반)	무죄	벌금 300만원	무죄
대장동개발 업전과장	허위사실공표 (〃)	무죄	무죄	무죄
검사사칭	허위사실공표 (〃)	무죄	무죄	무죄

경선 과정부터 시작된 갖가지 논란과
검경의 수사·재판 등으로 취임 초
이재명에 대한 도민의 지지도는
바닥으로 곤두박질쳤다.

일 잘하기로 소문난
이재명 지사가
광역단체장 중에서
지지율 꼴찌네.

혜경궁, 여배우
등등 구설이
워낙 많으니까

그러나 2018년부터 2020년까지 2년간 이어진 수사와 재판 속에서도
도지사로서 이재명은 멈추지 않았다.

- 계곡 불법시설 정비,
- 체납관리단을 조직해 체납세금 795억을 징수하고
  생계형 체납자에겐 복지서비스를 연결시켜 줌,
- 공공건설 원가공개,

- 공공기관 청소노동자를 위한 휴게 공간 마련,
- 아파트 경비원과 미화원을 위한 휴게시설 조성 의무화,
- 택배기사 등 이동노동자를 위한 쉼터 조성,

- 특별사법경찰단을 조직해 대부업, 부동산업 등 단속,
- 건축물 미술작품 선정시 의무공모제 도입,
- 코로나 사태 속에 선제적 방역 조치와
  재난기본소득 지급,

- 성남에서부터 추진해온 산후조리비 지원,
- 초등학교 치과주치의 제도,
- 무상교복, 청년기본소득 실시,

- 용인 반도체 클러스터 산업단지 유치,
- 시흥 거북섬에 인공서핑파크 유치,
- 수술실 CCTV 설치,
- 24시간 응급의료 전용 닥터헬기 도입,
- 서울외곽순환도로의 명칭 개정 - 수도권제1순환도로,
  ⋮

계곡 불법시설 정비는 행정가 이재명의 특성을 잘 보여준다. 당사자들을 만나 설명하고

이런 불법시설이
수십 년간 불법이지만
벌금이나 내면서
이용돼 왔잖아요.
하지만 명백히 불법이고
이제는 끝내야 합니다.

반발하는 목소리를
충분히 들어주면서도

입장을 분명히 밝혔다.

자진철거를 하면
처벌은 없고
지원이 따르지만
강제철거 경우엔
처벌과 벌금이
따를 것이고
지원도 없습니다.

합리적으로 보이는 제안은 즉석에서
수용하거나 검토토록 했다.

그 설치는 우리가
지원하도록 합시다.
그리고 검토해볼게
...

결국 이재명의 의지와 현실적 대책에
공감한 상인들 99퍼센트 이상이
스스로 철거했다.

사후에도 지속적으로 특별사법경찰관을 보내
새로이 가설하는지를 단속했다.

안 됩니다.
철거하세요.
일시적 캠페인이
아닙니다.

그렇게 수십 년간 누구도 손대지 못했던 계곡의 불법적
시설물들이 철거되고 정비되어 경기도 내 187개 하천은
도민의 계곡으로 돌아올 수 있었다.

계곡이 정비되니
우리 상인들도
다 좋아합니다.

의료사고 시 의사 측 책임을 입증할 근거가 없어 환자들과 보호자들은 속수무책이었는데

억울한 죽음 진실을 알고싶다!

남편을 살려내라 병원은 사죄하라!

경기도 내 모든 의료원 수술실에 CCTV를 설치토록 하고 환자의 동의가 있을 경우 녹화토록 했다.

성공적으로 시행되자 뒤에 법으로 제정되어 전국의 병원으로 확대됩니다.

무엇보다도 이재명의 진가를 알린 것은 코로나19에 대한 대책이었다.

신천지 교회 집회 참여자 가운데 코로나19 환자가 속출하는데도 신천지 측이 당국에 비협조적으로 나오자 단호한 태도를 취해 박수를 받았다.

신천지 교회에 집회 금지와 집회 가능 시설 강제폐쇄를 명하고

직접 과천 본부에 들이닥쳐 강제 역학조사를 실시했단 말야.

역시 추진력은 이재명이 짱!

속이 다 시원하네~

소득과 나이에 상관없이 1인당 10만 원씩 재난기본소득을 지역화폐로 지급해 지역경제에 온기를 불어넣었다.

카드 형식이라 편해요.

그 밖에도 척 보기에 이재명다운 정책들은 많다.

불법고액대출 광고와 성매매 광고 찌라시를 추적해 단속하고

모든 구급차에 운행일지를 쓰게 해 환자 없이 달리는 가짜 구급차를 단속!

어쩐지 요새 길거리가 깨끗하더라니

맞아

가짜 구급차가 뭐야?

유력자들이 구급차를 택시처럼 이용했나 봐. 빠르잖아.

도민들은 즉각 반응했다. 꼴찌로 출발한
이재명의 광역단체장 지지율은 1위가 되었고
도민 만족도는 70퍼센트를 훌쩍 넘었다.

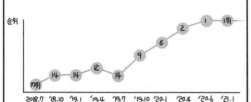

그동안 언론은 이재명에게 포퓰리스트,
반기업주의자란 이름을 씌워왔지만
《매일경제》의 조사 결과는 달랐다.

50개 대기업, 50개 중소기업
총 100개 기업 대상 조사
'기업하기 좋은 환경을 위해
가장 노력을 기울이는 단체장'
1위 이재명

관련해 몇 년 뒤 이재명은
이렇게 말했다.

나는 엄밀히 말해 보수예요. 보수는
규칙과 질서를 최고의 가치로 여기고
그걸 지키려고 하는 세력이지 않습니까?
진보는 기존의 규칙과 질서를 바꾸려는
사람이고요.
내가 그동안 해온 건 거의 대한민국의
헌법정신과 법률에 나와있는 걸 지키려는
것이었어요. 힘있는 자는 지키지 않는
선택적 정의, 불공정한 운동장을
바로잡자는 것이었어요.

결국 이재명은 실력으로
자신의 존재 가치를 입증했고

국민들은 다시 그를
민주당 대선 후보군 중에
지지율 1위로 올려놓았다.

대장동 대선

20대 대선이 시작되었다. 그 이전 지지율 1위를 달리던 이낙연이 꺾이고

젭~
박근혜 사면을 건의했다가 ㅇㅇ

이재명은 처음부터 부동의 1위 자리를 지켜나갔다.

당내 경선은 민주당 내 이재명의 입지를 보여준다. 1위임에도 불구하고 이재명을 지지하는 의원들은 예닐곱 명에 지나지 않았다.

바글 바글

그러나 민심과 당심은 여전히 이재명과 함께했다.

이재명 후보가 광주·전남을 제외한 전 지역에서 과반을 득표하며 누적 54.9%를 기록하고 있는 가운데 수도권과 재외·3차 선거인단 투표만을 남겨놓고 있습니다.

수도권에서도 같은 경향이 이어졌는데

	이재명	이낙연
경기	59.29%	30.52%
서울	51.45%	36.50%

재외국민과 3차 선거인단에서 반전이 일어난다.

	이재명	이낙연
재외국민	31.69%	55.59%
3차 선거인단	28.30%	62.37%

뭐지? 이 튀는 결과는?

특이한 결과에 모두들 웅성거렸다.

막판 이낙연 캠프의 조직력이 발휘된 거네.

역선택 아닐까? 이재명을 싫어하는 특정 종교세력이 대거 선거인단으로 등록했다는 소문도…

어쨌든 이재명이 과반을 득표했으니 게임 끝이잖아.

안 끝났어. 중도에 사퇴한 후보들의 표를 무효표로 계산해 버린 게 문제야.

이들이 얻은 표를 인정하면 이재명이 얻은 표는 49.32%가 되어 과반에 미달해. 결선투표를 해야!

이낙연 측은 이의신청을 했고 당무위원회의 기각 결정이 난 사흘 뒤에야 승복 의사를 밝혔다.

그나마 다행이긴 한데

컨벤션 효과는 다 사라지고 ㅠㅠ

응응

당무위원회 결정을 존중합니다. 경선 결과를 수용합니다.

이보다 앞서 경기도의 한 지역신문에 칼럼 형식의 묘한 기사가 실렸다.

【기자수첩】 이재명 후보님,
"(주)화천대유자산관리는 누구 것입니까?"

ⓒ 2021.08.31 17:53:15

제보자는 이명박 후보에게 "BBK는 누구 것입니까" 물었던 바란다'고 했습니다.

[경기경제신문] 성남시 분당구 대장동에서 '임금이 난다'

성남 대장동 개발(일명 '성남
양)한 부동산개발 자산관리 회
대통령상을 이룬다)이라는 자

당시 설립된 자주회사인 '(주
에 참여하기 위해 설립된 회사

그리고 이 회사들은 성남시에

아무도 주목하지 않았는데 2주 뒤 《조선일보》가 1면과 5면을 털어 대장동을 이슈화한다.

이재명표 대장동 개발 참여사, 3년간 배당금만 577억

이재명 인터뷰한 언론인, 7개월 뒤 대장동 개발 '화천대유' 설립

뭐야? 이거. 이재명을 인터뷰했던 언론인(김만배)이 그 친분을 이용해 화천대유를 세우고 막대한 이익을 독점한 토건비리를 저지른 듯한 글이잖아. 말도 안 돼.

①

걱정할 게 뭐 있어? 대장동이 우리 후보님 대표 업적인 건 세상이 다 아는데.

선거 뒤에야 밝혀졌지만 처음 경기도 지역신문에 제보한 이는 이낙연 캠프의 종합상황실장이자 전 국무총리 민정실장.

개인적으로 제보한 것일 뿐 이낙연 당지 후보껜 보고하지 않았습니다.

그러나 《조선일보》는 연일 대장동 관련 후속보도를 쏟아냈고

배당금 3,400억 받은 '대장동 7인'

'대장동 개발' 핵심, 경기관광공사 사장으로 영전

경선 막바지의 이낙연 측도

대장동, 결정적 제보 있다.

이재명 후보 구속 가능성 굉장히 높아. 본선 가면 진다.

국민의힘 측도 적극 대장동을 이슈화하기 시작했다.

대장동 천문학적 특혜의혹 특검으로 밝혀야!

사안이 너무 뻔한 일이라 생각한 이재명 측, 돌이켜보면 잘못된 대응을 한다.

특검은 구성하는 데만 상당한 시간이 걸립니다. 검찰 수사를 통해 신속히 실체를 밝히는게 바른 해법입니다.

그렇습니다. 특검 주장은 정치공세일 뿐 실체를 규명하는 길이 못됩니다.

국민의힘은 옳다구나 하고 대장동 특검으로 이슈를 집중했다.

특검을 거부하는 자가 범인이다!

범인이다!!

교 대장동게이트 수용하라

특검 거부하는 자 범인이다

이재명 판교대장동게 특검수용하

대선판이 온통 대장동으로
쏠리자 관망하던 다른
언론들도 본격적으로
뛰어들기 시작했다.

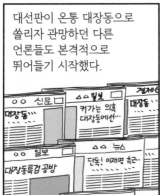

자체 취재 내용이나 검찰로부터 흘러나오는 이야기가
무책임하게 과장·확대되어 쏟아진다.

대장동 판박이
백현동 개발도
이상하다.

천하동인 1호는
대장동 그분!

대장동 그분은
이재명?

김만배는…

이재명 아들도
50억 클럽?

남욱
인터뷰

도지사를 사퇴하고
본격 선거운동에 나서야 할 상황인데,
이재명은 국민들이 보는 가운데
반박 기회를 얻기 위해
경기도 국감에
나섰다.

경기도지사 이 재 명

기회를 틈타 국민의힘 의원들은 조폭연루설을
터뜨리는 등 막무가내로 공격을 가했다.

국제마피아파가
수십 차례에 걸쳐
20억 가까이
지원하였고…

이 사진이
증거!

몇 분 뒤
거짓임이 들통남

잠재적 우군이라 생각했던
정의당의 공격이
아팠다.

큰 도둑에 다 내어주고
작은 확정이익에
집착하는 것 같은데요,
그들이 가져간 이익을
제대로 환수하지
못한 건 배임 아녜요?

심 상 정

5500억이 작은
확정이익이라는 데
동의할 수 없습니다.
20년 넘게 전국에서
도시개발 사업으로
환수한 금액이
1,700억 뿐입니다.

국감에서의 해명은
선방했다는 평가를
받았지만

잘 하네.

역시지.

'대장동 대선'이 되어버린
거대한 흐름을 막을 순 없었다.

대장동 대장동

반면 상대인 윤석열 후보에게
대장동 이슈는 여러 가지 흠과
약점을 가려주는 역할을 했다.

고발사주 의혹, 무례, 무식

장모 의혹

학력조작 주가조작...

그런데 이재명을 향한 기득권의 대장동 총공세 속에서도 정반대의 정황들이 하나둘씩 드러났다.

50억 클럽?
어라! 오히려 윤석열과
가까운 사람들이 대부분이네.
온통 검찰 출신들이잖아.

남욱이 그랬다는데.
'이재명, 아유~
씨알도 안 먹혀요.'

김만배는
자기 한마디면
윤석열은 죽는다고
했다며.

대장동 일당 자금원천인
부산저축은행 부정대출 건을
윤석열이 덮어줬단 얘기도.

대선 마지막 5차 토론에서 이재명은 역으로
대장동 특검을 다섯 차례나 제기했지만
윤석열은
응하지 않았다.

대선이 끝난 뒤 특검을 합시다.
특검에서 문제가 드러나면
대통령에 당선돼도 책임지는 데
동의하십니까? 동의하십니까?
동의하시나고요?

허참, 이것 보세요.
무슨 반장선겁니까?

대장동으로
얻은 피해가
너무 커.

토건비리와 싸워온 투사가
졸지에 토건비리 주범으로
몰렸으니 언론의 힘은
참 대단해.

더 아쉬운 건 대장동
프레임 땜에 성남시장,
경기도지사로 보여준 역량이
제대로 주목받지 못한 거야.

여기에 선거 때마다 소환되는
마타도어들이 더해졌다.

언론은 교묘히 비호감 대선이라 불렀다.

물론 윤석열도
문제 많아요.
똑같이 비호감이에요.
정말 찍을
후보가 없죠?

그래도
어떡해요?
정권교체는
해야지
않겠어요.

민주당 경선에서 이낙연을 지지한 일부는
경기도지사에서 남경필을 지지했던
자칭 '문파'들로

세상 그 어떤 악도
이재명보단 못해.
이재명 낙선이
곧 선이야.

이번엔 윤석열을 지지했다.

우리는
문+윤=뮨파
文+尹=𡊨

𡊨
派

우리 이니
하고 싶은 거
다 해~

우리 여니
하고 싶은 거
다 해~

우리 열이
하고 싶은 거
다 해~

결과는 0.73퍼센트포인트 차 패배였다.
이재명은 즉각 패배를 인정하고
당선된 윤석열에게
축하를 건넸다.

국민 여러분!
최선을 다했지만 기대에
부응하지 못했습니다.
……
모든 것은 다 저의 부족함
때문입니다. 여러분의 패배도
민주당의 패배도 아닙니다.
모든 책임은 오롯이 제게
있습니다.

윤석열 후보님께 축하의
인사를 드립니다.
당선인께서 분열과 갈등을 넘어서
통합과 화합의 시대를 열어주실
것을 간곡히 부탁드립니다.

살아남다

패배에 절망한
지지자들은
한동안 뉴스를
볼 수 없었다.

앞으로 5년을 어떻게
견디냐? 조국 가족
도륙하는 거 봤잖아.

살벌한
검찰공화국이
되겠지.

손에 王자를
쓰는 무속병에다
무식하고
품위도 없고

부인은 또 얼마나
설쳐대겠어?
가짜 인생, 무속 인생,
조작 인생인데.

절망은
원망으로
이어졌다.

이낙연 측이
즉각 결과에
승복하고
같이 뛰었다면.

솔직히 당도,
의원들도
전력을 다하지
않았지.

언론이 쫌만
공정했더라면,
진보언론이라도
제 몫을 했더라면

안철수는 저쪽에
붙었는데
정의당은 …

그러나 당사자는 거듭
당과 지지자들에게 말했다.

패배의 가장 큰
책임은 당연히
후보인 제게 있죠.

지지자들은 동의하지 못했다.

정권교체를 요구하는 비율이
정권연장을 희망하는 비율보다
월등히 높은 가운데 치러진
선거였잖아.

퇴임하는 문대통령이
전에 없이 40%에
육박하는 지지율을
기록했다지만

오히려 후보님의
역량과 분투 덕에
0.73%p차에
이른 거지.

맞아, 따지고 보면
민주당 후보가 얻은
최다 득표이자
최고 득표율이야.

지지자들과는 달리 당의 많은 인사들은 이재명의 발언을 액면 그대로 받아들였다.

아니 다행이네.

패배의 책임은 당연히 후보 본인에게 있지.

그리고 요구했다.

어디 유학이라도 다녀오시든가.

그동안 고생했으니 다 내려놓으시고 푹 쉬세요.

어차피 고소당한 게 많아서 계속 정치하다간 구속될 걸.

이재명은 그들의 기대를 배반한다. 지방선거와 함께 치러진 인천 계양을 보궐선거에 출마했고

국회로 들어왔다.

싸 늘 ―

지방선거 다 말아드시고 혼자만 배지를 다셨네.

이어 당대표에 출마해 77.77퍼센트란 민주당 역사상 가장 높은 지지율로 당선됐다.

강력한 야당을 바라는 민심과 당심의 선택이었지만

이재명을 비토하는 이른바 '반명' 의원들은 여전히 77퍼센트의 선택을 인정하려 들지 않았다.

흥! 팬덤정치

개딸독재야

한편 새로 들어선 윤석열 정부는 이재명의 민주당을 국정 파트너로 생각하지 않았다.

뿐만 아니라 이재명 악마화에서 더 나아가 이재명 죽이기로 방향을 잡았던 게 아닐까?

그 악조건 속에서도 쓰러지지 않고 고작 0.73%p 차까지 쫓아왔어.

아찔했지 뭐야? 역시 위험해.

반드시 제거해야.

새 정부는 누가 뭐래도 검찰정권! 검찰총장 출신이 대통령이 되고 직속 부하였던 자가 법무부 장관이 되었다.

당연히 이재명 제거의 선봉은 검찰이 맡았다. 이미 선거 과정에서부터 시작한 일이다.

고발 건들을 샅샅이 파헤친다.

털다 보면 뭐라도 나오겠지.

야당 대표를 표적으로 한 압수수색이 하루가 멀다 하게 벌어졌다.

대선과정에서 이재명이 했던 말들 하나하나를 뜯어보고 이미 무죄가 난 사건도 다시 들여다본다.

이재명이 지나오며 접했던 이들은 참고인이란 이름으로 불려가 갖가지 조사를 받아야 했다.

법무부 장관과 여당은 이미
이재명을 범죄자로 취급했고

언론은 '사법리스크'란 프레임으로 이재명을 가뒀다.
당내 반대자들도 동의했다.

이재명 대표의
사법리스크가···

의원이 된 것도
대표가 된 것도
다 사법리스크를
피하기 위한
방탄이라 봐야
···

맞는 말!

이를테면 이런 식이다.
시민운동가 시절 파크뷰
용도변경 사건을 파헤치다 얻은
검사사칭죄.

변호사 이 재명

경기도지사 선거과정에서 검사사칭을 했느냐는 질문에
그런 일 없다고 답했다.

이미 검사사칭죄로
처벌받았는데
이를 부인했으니
허위사실 유포라며 고발됐고
재판을 통해 무죄를 받았다.

1심 무죄!

2심 무죄!

대법 무죄!

이때 재판 진행과정에서
당시 김병량 시장의 비서가
나와 증언을 했는데

김 전 시장 측에서
이재명을 검사사칭
주범으로 몰기 위해
KBS 피디 고소는
취하하자는 의견이
있었습니다.

그의 증언이 이재명이 위증을 교사한 데 따른 것이라 해서
위증교사 혐의로 기소되었다.

증거로 제출된
발췌 녹취록 말고
전체 통화 녹취록을
들어보시면
아시겠지만

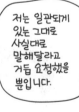

저는 일관되게
있는 그대로
사실대로
말해달라고
거듭 요청했을
뿐입니다.

이 건은 2024년 11월 25일
1심에서 무죄 판결을 받았다.

땅 땅 땅

선거 과정에서 한 티브이 대담에서의 다음 발언도 허위사실 공표로 기소되었다.

일전에 목숨을 끊으신 김문기 씨를 아십니까?

성남시장 재직 시절엔 알지 못했지만 도지사가 되고 나서 재판을 받을 때 여러 번 통화했습니다. 한때 부하직원이었던 이의 죽음에 책임이 없다고 할 수 없습니다.

김문기는 성남도개공 처장으로 일한 것 때문에 참고인으로 불려가 조사를 받다가 목숨을 끊은 인물.

한 국민의힘 의원이 이재명과 김문기가 함께 찍은 사진을 올리며 물었다.

이재명 홍보님 호주 뉴질랜드 출장 가서 골프도 치신 건가요? 곁에 서 있는 고 김문기 처장과 한 팀으로 치신 건 아닌지요?

이 사진은 10명이 함께 찍은 사진에서 부분만 오려 올린 것이다.

국힘이 제가 골프를 친 것처럼 사진을 공개했는데 확인을 해보니까 단체사진 중 일부를 떼내 가지고 보여줬더군요. 조작한 것입니다.

이 발언 역시 기소되었다. 1심 재판부는 앞의 '모른다' 발언은 무죄로 하면서도 이 발언은 다음의 이유로 유죄를 인정해 백현동 개발과 관련해 '국토부의 협박이 있었다'라고 한 혐의와 함께 징역1년, 집행유예 2년을 선고했다.

이 발언은 사진이 조작됐다는 발언을 사진과 함께 제기된 의혹이 조작됐다는 것, 즉, 이 대표가 김 전 처장과 함께 간 해외 출장 기간 중에 김 전 처장과 골프를 치지 않았다는 것으로 받아들일 수 있으므로 허위가 인정된다.

다행히 2025년 3월 26일, 2심 재판부는 모든 혐의에 대해 무죄를 선고했다.

정치인은 말이 생명인데 이런 식이면 무슨 말을 할 수 있을까? 한 마디 한 마디 적확한 어휘를 사용해 논리에 맞게 표현하지 않으면 범죄자가 된단 거잖아.

내 말이. 기소도 어이없었는데 1심 판결도 장난 아니네.

걍 이재명이어서 그래. 숨만 쉬어도 처벌 받을 듯.

물론 상대였던 윤석열이 선거과정에서 했던 숱한 거짓말들은 조사조차 이뤄지지 않거나 무혐의 처리 되었다.

내 장모는 사기를 당한 적은 있어도 10원 한장 피해를 준 적이 없다.

(도이치모터스 주가조작 관련) 저희 집사람은 안 되겠다 해서 돈을 빼고⋯

우리 와이프는 구약을 다 외웁니다.

(王자 관련)이웃의 나이 많은 지지자가 기운 내라고⋯

천공? 모릅니다.

⋯

이재명의 주요 기소 사례는 다음과 같다.

- 2022. 9. 8 허위사실 공표 혐의 기소.
- 2023. 3. 22 위례신도시, 대장동 개발 특혜 비리와 성남FC 의혹 기소.
- 2023. 10. 12 백현동 의혹 기소.
- 2023. 10. 16 위증교사 혐의 기소.
- 2024. 6. 12 대북송금 관련 기소.

따지고 보면 거의가 나로선 가장 보람되고 뿌듯했던 성남시장 시절과 관련된 사안들이군요.

씁쓸하네요.

정말로 이재명을 씁쓸하게 한 것은 민주당 동료의원들이었다.

2023년 1월 28일 검찰은 이재명을 중앙지검 포토라인에 세웠다.
다음은 이때 이재명이 검찰에 제출한 진술서의 일부다.

검찰은 제가 특기세력과 결탁하거나 그들로부터 재산상
이익을 받기로 약속한 것처럼 몰아가고 있습니다.
유일한 근거는 대장동 관련 부패 범죄로 구속되었다가
석방된 관련자들의 번복된 진술입니다…
최근 정영학 녹취록 전문이 언론에 공개되었는데 … 검찰은
정영학 녹취록에 근거해 수사 결론을 도출했었는데 이제 와서
검찰의 올가미에 걸린 관련자들의 번복된 진술에 의존해
정영학 녹취록에도 없고 오히려 그에 반하는 허위 사실을
만들어내고 있습니다 …

객관적으로 드러난 사실이나 정영학 녹취록을 보아도
저는 이들의 부정비리와 관련이 없습니다. 정영학 녹취록과
이들의 법정 증언 등에 따르면 이들은 '이재명이 우리
사업권을 빼앗아 호반건설에 주려했지만 우리가 도로
빼앗아 왔다'거나 '이재명 모르게 특정금전신탁 뒤에
잘 숨어 있었다'고 자부하거나 '이재명이 너네 졸라
싫어해'라는 내용이 나옵니다.
저는 대장동 일당이 사업자 공모에서 하나은행 컨소시엄의
특정금전신탁에 숨어 있었던 사실은 이 사건이 문제되고 나서야
알았으니, 저도 모르는 이들을 위해 형사처벌을 무릅쓴 채
그들을 위해 비밀을 유출하거나 유동규로부터 범죄행위인
비밀 유출을 보고받고 승인한다는 것은 상식에 반합니다.

검찰은 구속영장을
청구하고, 체포동의서가
국회에 접수되었다.

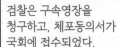

성남FC 후원금 논란, 푸른위례프로젝트 관련, 대장동 개발 사업
논란 건을 병합한 것인데 이재명이 신상발언을 했다.

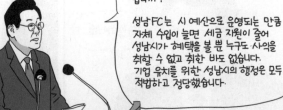

적극행정을 통해 5,503억을 벌었음에도
더 많이 벌었어야 한다며 배임죄라
합니다. … 그렇다면 개발이익 환수가
아예 0인 부산 엘시티나 양평 공흥지구,
일반적인 민간개발 허가는 무슨 죄가
됩니까? …

성남FC는 시 예산으로 운영되는 만큼
자체 수입이 늘면 세금 지원이 줄어
성남시가 혜택을 볼 뿐 누구도 사익을
취할 수 없고 취한 바도 없습니다.
기업 유치를 위한 성남시의 행정은 모두
적법하고 정당했습니다.

결과는 가 139, 부 138, 기권 9, 무효 11로 부결이었다.

헐~
가가 더 많네.

뭐야, 그럼 우리 당에서 30여 명이 부결이나 무효, 기권표를 던졌다는 거네.

술렁
술렁
술렁

여차하면 검찰의 손에 자기 당대표를 넘겨주겠다는 의원들이 상당하다는 것이 확인된 거잖아.

민주당 재밌네. 담엔 모르겠는 걸.

몇 달 뒤엔 백현동 용도변경 논란, 대북송금 혐의, 위증교사 혐의와 관련해 체포동의안 표결이 다시 이루어졌다. 결과는 가결.

재석 295명 중 찬성 149표, 반대 136표, 기권 6표, 무효 4표로 가결되었음을 선포합니다.

의 장

민주당 당원들은 격분했다.

20일 넘게 단식해온 자기 당대표를 적들에게 넘긴 수박들을 색출하자!

전날 대표가 부결호소문까지 냈는데 가결 표?! 담 총선에 네놈들은 끝이다!

오랜 단식으로 몸도 회복되지 못한 채 이재명은 영장실질 심사를 받으러 법원으로 갔다.

법원은 증거인멸 우려가 없는 등 구속의 사유와 필요성이 있다고 보기 어렵다며 구속영장을 기각했다. 풀려나오며 이재명은 말했다.

인권의 최후 보루라는 사실을 명징하게 증명해주신 사법부에 감사드립니다. 그리고 정치는 언제나 국민의 삶을 챙기고 국가의 미래를 개척해나가는 것이란 사실을 여야 정부 모두 잊지 말고 이제는 상대를 죽여 없애는 전쟁이 아니라 국민과 국가를 위해 누가 더 많은 역할을 할 수 있는지를 경쟁하는 진정한 의미의 정치로 되돌아가길 바랍니다.

해가 바뀌고 2024년 1월 2일 이재명은
부산 방문 중 테러를 당한다.

헬기로 부산대병원에 옮겨져 응급처치를 받고
다시 서울대병원으로 옮겨져 수술을 받았다.

범인은 정확한 가격을 위해 수도 없이
연습을 했고

퍽   퍽

연습한 대로 정확히 실행했다.
다만 와이셔츠 깃에
미끌리면서 경동맥을 살짝
비껴갔다.

1mm 차이로
목숨을 건졌네.

그런데 이후 전개된 양상은 이상한 데다 비정하기 그지없다.
사건현장은 곧바로 물청소됐고

언론은 사건 축소, 본질 흐리기에 급급했다.

범인 민주당원인듯
평소 조용한 성격

1cm 열상
...

급기야 헬기로 서울대병원으로 옮긴 것을
가지고 갖은 의혹과 비난을 퍼부었다.

부산대 패싱이
아니라
부산 패싱
아입니까?

헬기 특혜
문제 많아요.

황제헬기라고들
하더라고요.

지방의료 살린다던 이재명
헬기타고 서울로!!

부산대 패싱 논란!
왜 이재명은
성남의료원으로
가지 않았나?

부산대 패싱 논란
의사들 비판 목소리

죽을 뻔한 병실의
이재명을 마치
가해자처럼
만들어버리네.

야당 대표의
목숨을 노린
정치적 테러라는
본질은 실종되고

수사는
축소하기에
급급하고

코앞으로 다가온 총선을 의식한 행보였으리라.

이재명에 대한
동정론이
일어선 안 되잖아.
특히 부울경에서
그랬다간 위험해.

뭐 작전은 성공한 듯.
동정론은 사라지고
부산에서 이재명
비판이 올라오잖아.

부산대 패싱
네이밍
잘했어ㅋ

당대표 이재명은 병실에서 나와
총선을 준비했다.

대표님,
피습당한 데는
괜찮으세요?

네, 보시다시피
거의
나았습니다.

당원들은 체포동의안에 가결표를 던진 것으로
의심되는 이들을 대거 경선에서 탈락시켰다.

언론에선
비명횡사니 뭐니
떠들지만 당원을
우습게 본 대가야.

그런데 말야
우리 대표님의
장점 중 하나가
대중친화력이잖아.

맞지. 남녀노소
누구를 만나도
스스럼없이
잘 어울리고
즉석 연설에도
능하지.

그런데 그렇게
테러를 당했으니
이젠 대중을
만나기가 두렵지
않을까?

맞아, 나도
그게 걱정이야.

웬걸. 이재명은 여전히 거침없이 대중을 만났고

테러 후유증으로 목소리도 채 회복되지 않았지만 전국을 돌며 지원유세를 했다.

결과는 야당으로 치른 선거에서 일찍이 없었던 압승.

민주당 175석, 국민의 힘 108석, 조국혁신당 12석

이재명은 살아남아 더 강해져서 정치무대의 한복판으로 돌아왔다.

지난 촛불혁명으로 세상이 바뀌는 줄 알았지만,
권력은 바뀌었는데 왜 나의 삶은 바뀐 게 없느냐,
이 사회는 왜 바뀌지 않았느냐. 그렇게 질타하시는 분들을,
그 많은 국민의 따가운 질책을 기억하고 있습니다.
이제는 새로운 민주주의,
국민이 직접 참여하는, 현장의 민의 같은 민주주의를 시작해봅시다.
여러분이 국민의 한 사람으로서
이 나라 대한민국의 주인으로서 무엇을 원하는지,
어떤 세상을 바라는지를 말씀하시고
그것이 일상적으로 정치에 관철되는 그런 나라,
새로운 나라, 함께 만들어야 하지 않겠습니까.
정치는 정치인들이 하는 것 같아도 결국은 국민이 하는 것입니다.
국민의 충직한 도구로서
국민의 명령을 충실하게 이행하는 머슴으로서,
국민의 주권 의지가 일상적으로 관철되는 진정한 민주국가,
민주공화국 대한민국을 함께 만들어갑시다.

— 윤석열 탄핵소추안 가결 직후 여의도 연설 중(2024. 12. 14.)

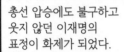

총선 압승에도 불구하고
웃지 않던 이재명의
표정이 화제가 되었다.

나중에 그는 이렇게 그 이유를 설명했다.

우선은 이른바
험지에 출마해
당선되지 못하는
분들도 많은데
그분들을 생각하니
마냥 환호할 수
없었고요.

다른 한편
아, 이제 이 정부가
계엄을 하려
하겠구나란 생각을
했습니다.

측근들에게 자신의 생각을
전했고

박선원 의원,

계엄 의혹이
있는데 …

김민석 최고위원 등이 거듭
계엄 의혹을 제기했다.

계엄을
준비하고 있는
정황으로
보이는데
아닙니까?

그때마다 정부 여당은
펄쩍 뛰었다.

근거 없는 계엄론으로
국정을 마비시키려는
야당의 계엄농단에
윤석열 정부는 단호히
대응하겠습니다.

지금 우리 대한민국의
상황에서 계엄을 한다면
어떤 국민이 용납하겠습니까?
그리고 우리 군인이
따르겠습니까?

이런 계엄 문제는
시대적으로도 안 맞다,
저는 그렇게 생각합니다.

그런데 2024년 12월 3일, 윤석열 대통령은 어떤 국민도 용납할 리 없고 군인도 따르지 않을 것이며, 시대적으로도 맞지 않다고 자인했던 비상계엄을 선포한다.

예상하여 대비해왔던 일인데도 불구하고 너무나 비현실적인 뉴스였다.

뭐지? AI가 만든 화면인가?

이내 사태의 심각성을 확인한 이재명은 부인이 운전하는 차를 타고 국회로 향했다.

훌쩍

가는 도중에 라이브방송을 진행했다.

윤석열 대통령이 불법적이고 위헌적이고 반국민적인 계엄을 선포했습니다. 국민 여러분! 국회로 와주십시오. 무너지는 민주주의를 여러분이 함께 나서서 지켜주십시오. 저도 국회를 향해 가고 있습니다. 이제 곧 탱크와 장갑차, 총칼을 든 군인들이 이 나라를 지배하게 됩니다.

국군장병 여러분, 여러분에게 명령을 내릴 수 있는 것은 오로지 국민 뿐입니다. 윤석열 대통령은 국민을 배반했습니다. 윤석열 대통령의 불법적인 비상계엄 선포는 무효입니다. 지금 이 순간부터 윤석열은 대한민국 대통령이 아닙니다.

윤석열 대통령이 비상계엄을 선포했습니다. 국회가 비상계엄 해제 의결을 해야 하는데 군대를 동원해 국회의원을 체포할 가능성이 매우 높습니다. 저희도 지금 국회로 가는 길입니다. 국회가 비상계엄을 해제할 수 있도록 이 나라 민주주의를 강건하게 지켜낼 수 있도록 국민 여러분께서 힘을 보태주십시오.

훌쩍

구독자 수 120만 명이 넘는 이재명의 라방은 반향이 컸다.

국민 여러분! 국회로 와주십시오. 늦은 시간이긴 하지만 국민 여러분께서 이 나라 민주주의를 지켜주셔야 합니다.

185

국회로 달려온 시민들이
군인들을 막아섰고

군인들은
국민의 뜻을
따르라!

여기
왜 왔어

물러가라

담을 넘어
국회로 들어간
의원들이
계엄 해제를
의결했다.

의 장

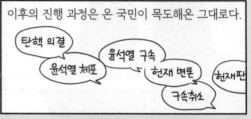

이후의 진행 과정은 온 국민이 목도해온 그대로다.

탄핵 의결

윤석열 체포

윤석열 구속

헌재 변론

헌재판

구속취소

성남시장, 경기도지사를 거치며
남다른 행정능력을 과시했고

일 잘하는
이재명

기초단체장
지지도 1위

광역단체장
1위

국회의원이자 제1야당 당대표로서는
당내 분란을 잠재우며 총선 승리를 이끌어
정치지도자로서의 능력을 입증했다.

그리고
국가적 위기인
비상계엄을 만나
위기대처능력과
민주주의에 대한
헌신을
보여주었다.

이재명이 살아온 길을 보면
이재명이 보인다.

도덕적 결함이 큰 인물로
비판받지만 이재명은
바른 사람이다.
가난한 소년공 시절,

자신의 욕망을 접고
사랑하는 어머니를 위해
금가락지를 마련한 일화를
보라.

부정부패와 싸우며 정치에
입문한 그는 공무원들에게
한결같이 청렴을 요구했고

부패지옥
청렴영생!

스스로에게도 엄격했다. 공무원은 시민을 위해 복무하는
머슴이라는 스스로의 신념에 충실했다.

그래도
대장동 비리,
백현동 비리
의혹이…

수백 번
압수수색하고
주변을 탈탈
털었는데도
돈 한 푼 받은 게
나오지 않았으니
말 다한 거 아님?

이재명은 올챙이적 시절을 아는 사람이다.
그랬기에 판검사의 길을 포기하고
성남 노동자의 곁으로 돌아갔으며

시장, 도지사가 되어서는 어려운 사람들을
구체적으로 이해하고 실질적으로 도울 수 있는
정책을 내놓았다.

산후조리지원

무상교

청년배당

시민이 행복한 성남

성남사랑
상품권

이재명은 또한 유시민 작가의 표현처럼 끝없이 발전하는 사람이다.

이재명은 발전도상형 인간입니다.

10년 전의 이재명에겐 확실히 거친 모습이 보인다.

혼자 힘으로 자신을 공격해오는 거대한 기득권과 싸우려다 보니 싸움닭이 되어야 했다.

그들 편에 서서 불의한 행동을 하는 시민이나

네티즌에 대해서도 거친 모습을 보이곤 했다.

10년이면 강산도 변한다지만 사람은 쉽게 바뀌지 않는다. 특히나 50대를 넘어서는 더욱 그렇다.

그러나 이재명은 변했다. 인상도 변했고

전엔 좀 날카로운 인상이었는데

태도가 달라졌으며

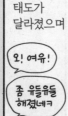

오! 여유!

좀 유들유들 해졌네ㅋ

자, 그만합시다. 내일 국민의힘 대표님 연설할 때 조용히 들어드릴게요.

우

우

국정과 관련된 모든 사안에 대해
이해가 깊어지고 식견은 넓어졌다는 게
중평이다.

그와 토론했던 보수논객
정규재는 말한다.

아마 앞으로 토론
이런 데 나가면
당할 자가 없을 것
같던데요.

어떤 비판자들은
이렇게도 말하지만

민주당은
이재명
일극체제!

이재명은
독재자!

이재명 주변 사람들은 증언한다.

이재명 대표님은
주로 듣는 편입니다.
토론을 좋아하고
일부러라도
비판해달라고 하죠.

중요한 결정을 할 때도
충분히 듣고 토론하고 나서
결정하죠.

그렇게 끊임없이 변화, 발전하고 있는 이재명에게도 정치에 뛰어든 이래
변하지 않는 한 가지가 있으니 주권자인 국민을 대하는 태도이다.

정치인을 찬양하지 마세요.
정치인은 높은 곳에서
지배하는 존재가 아닙니다.
정치인은 주권자인
국민에게 월급 받고
국민을 위해 일할 의무가
있는 고용된 머슴입니다.
머슴에게 당당하세요.
머슴에게 엄격하세요.
여러분의 삶을 위해
정치를 선택해야지
정치인을 위해 정치를
선택하지 마십시오.

1980년, 불의한 권력이 철수한 찰나의 광주에서 우리 모두가 꾸었던 꿈,
함께 사는 '대동세상'의 꿈은 2016년 촛불혁명을 지나
2024년 '빛의 혁명'으로 이어지고 있습니다.
1894년 우금치 고개를 넘지 못한 동학농민군의 꿈은
2024년 마침내 남태령을 넘었습니다.
지금 이 순간에도 광장을 물들이는 '오색 빛들'의 외침은
우리를 다시 만날 새로운 세계, 더 나은 세상으로 이끌고 있습니다.
세계사에 유례없는 최악의 출생률과 자살률,
희망이 사라지고, 삶을 포기할 만큼 처절한 현실을
이제는 바꿔야 한다고 외치고 있습니다.
모두가 함께 잘 사는 세상, 다시 희망이 펄떡이는 나라,
모든 국민의 기본적 삶이 보장되는
'기본이 튼튼한 나라'를 가리키고 있습니다.
(…) 죽은 자가 산 자를 구하고 군사쿠데타의 아픈 기억이
오늘의 대한민국을 살렸던 것처럼,
2025년의 우리 국민이 우리의 미래를 구할 것입니다.
오늘의 대한민국 국민은 '국민이 나라의 주인임을 선포하고
내란마저 극복한 대(大)한국민'임을 마침내 증명할 것입니다.
(…) 좌절과 절망을 딛고 대한국민과 함께 다시 일어나
다시 뛰는 대한민국을 꼭 만들겠습니다.
서로를 인정하고, 긍정적으로 사고하고,
미래를 향해 함께 나아갑시다.

—국회 교섭단체 대표연설 중(2025. 2. 10.)

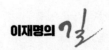

박시백 글·그림

초판 1쇄 발행일 2025년 4월 14일

발행인 | 한상준
편집 | 김민정·손지원·최정휴·김영범
디자인 | 김경희·양시호
마케팅 | 이상민·주영상
관리 | 양은진

발행처 | 비아북(ViaBook Publisher)
출판등록 | 제313-2007-218호(2007년 11월 2일)
주소 | 서울시 마포구 토정로 222 한국출판콘텐츠센터 211호
전화 | 02-334-6123 전자우편 | crm@viabook.kr 홈페이지 | viabook.kr

ⓒ 박시백, 2025
ISBN 979-11-94348-19-1 03340

여태금·여행작가 이동근·여현웅·역마살 시냉·연가족장·연둥이·연아 파맘·연우유주아빠·
연제규·연호혜현영찬영민영준·연희세린래온·염규범·염둥햇살·염민호·염정헌·염혜진·
영균과 하나·영미용환라엘라인·영석신애·영치기영차·영환소명소성소리인자·예수평화 길성남·
예술책빵지혜·오건찬·오경진오재우·오기범·오누리·오렌지레몬앱·오맹·오명교·오미르·
오병남·오상우·오상준·오선근·오선옥·오선화·오성민·오성환 이재향·오세완·오세은·오승재·
오승준·오시은·오씨 개딸·오연서·오연석엄마김윤한·오영아·오오오이·오우진·오유경·오유자·
오은석·오은주·오인아·오재은·오정선·오정훈·오제권·오종영·오주원·오진석·오진욱·오찬휘·
오채원·오하이제이·오혜진 최성복·오홍교(토니블레어)·오홍록·옥상·옥준호·옥진형·완두·
완소이잼러버신수진·왕윤비·용만은숙·용문보미민기·우다인·우당과 우주·우리를 위해 이재명·
우민정·우석수진소윤·우성훈·우세루·우승호·우식우빈맘·우영내·우영민·우울한마빈·우정학·
우정헌·우주랑·우주의세상·우진용·우진찬송하음가족·우혜주·울산팡규·웃음소리빛날·
웅크린선인장·원정숙·원정재·원현지·원혜령·원효정·위성인·윙뭉맘·유가영·유규형·유나영·
유네·유도현·유레카·유리아·유미진·유미희.박윤·유민우·유부토밥·유성훈·유수윤·유승록·
유실·유영석(전남 화순)·유우집·유은실·유은정·유은지·유임정·유재후·유정희·유주아·유준상·
유지경성 이송미·유지민·유창근·유현정·유형선·유혜림·유호진·유화나·유환희·유효진·
육근평·윤경희·允求·윤근·윤남귀·윤대관·윤덕종·윤두영·윤민혁·윤보라·윤상규·
윤서재희아빠·윤석빈·윤선영·윤성옥·윤성조·윤수정·윤신아·윤아성원·윤여린·윤영기·윤영민·
윤영지·윤완희·윤이영·윤재영·윤재은·윤정원·윤종현·윤준노·윤지우·윤지현·윤지형·윤지혜·
윤지희·윤진영·윤진화·윤진희·윤태연·윤태영·윤해철·윤형석·윤혜령·윤호수호엄마·윤효정·
윤희영·율린융진·은가비·은광호·은성아빠·은성은찬맘·은성재·은재은성맘·은종이·
은혜은별Shanti·응원합니다·의로운사람·이 설·이가원·이가융 가족 일동·이가은·이건·
이건우이서우·이건주·이경구·이경석·이경실·이경아·이경원·이경윤·이경일·이경진·이경하·
이경현·이경호·이경화·이경희·이계원·이곤·이광덕·이광배·이광호·이국희·이권진·이규진·
이근우·이기원·이기정·이기훈·이길준·이남열·이남훈·이누리·이다경·이다래·이다솜·이다영·
이단주·이대우·이대희·이도윤·이도희·이동민·이동재·이동헌·이동훈·이동희·이두나·이두연·
이들희 대한민국만세·이례리·이렌느 깡·이만희·이명배·이명숙·이명찬·이문영·이문호·이미경·
이미소·이미애·이미진·이민경·이민규·이민기·이민영·이민우·이민주·이민혁·이범규·이병상·
이보라·이봄·이브지지·이빛나·이상문·이상욱·이상윤·이상일·이상현·이상훈·이상희·이석민·
이석범·이선민·이선용이서아김수연·이선정·이선정원균·이선주·李선준 李선재·이선필·이선희·
이성미붉은노을·이성억·이성주밍밍대동세상·이세백·이세이·이세진·이소라·이소령·이소봉·
이소영·이소현심현석·이소희·이수경·이수연·이수영·이수정·이수지·이수지다·이수진·이순용·
이승경·이승규·이승렬·이승민·이승연·이승엽·이승용·이승원·이승지·이승현·이승호·이승후·
이승훈·이시경·이시운·이신정·이아란·이아람·이언영·이연복·이연승·이연우·이연재·이연주·

이연희·이영걸·이영민·이영선·이영섭·이영신·이영실·이영준·이영춘·이예진·이완재·이완희·
이우·이우경최은주·이우열·이우현·이원녕·이원복·이원흠·이위혁·이유미·이유진·이윤경·
이윤수·이윤영·이윤정·이윤희·이은경·이은상·이은선·이은아·이은일·이은진·이은철·이은하·
이은호·이은희·이인경·이인동·이인선·이일지·이자이봉·이재명·이재명 감사합니다·
이재명 무한지지·이재명 화이팅·이재명강민정이웅원해·이재명갤러리·이재명과함께권문철·
이재명과함께민주주의·이재명내대통령이야·이재명님 응원합니다·이재명대통령 권민서·
이재명아바다대통령·이재명은합니다갤러리·이재명을 응원하는·이재명응원해·이재명의 딸·
이재명의동지 안수연·이재명의동지 여지선·이재명이대통령인나라·이재명이세상을밝힌다·
이재명지지자시은·이재명파이팅·이재영·이재우·이재의·이재이·이재인·이재진·이재환·
이재훈·이잼괴롭히면가만안도·이잼바라기용아씨·이잼사랑·이잼화이팅·이전규·이점숙·이정기·
이정남·이정란·이정민·이정식·이정아·이정연·이정윤·이정은·이정일·이정재·이정효·이정훈·
이정희(고디)·이종원(이충환)·이종현·이주섭·이주애·이주연·이주영·이주화·이주훈·이주희·
이준백상민·이준범·이준서·이준형·이중혁·이지명·이지성·이지수·이지연·이지영·이지온·
이지원·이지윤·이지은·이지인·이지정·이지희·이진국·이진은·이진이·이진혁·이진희·이창민·
이창익·이채윤·이채은·이철수·이철승·이철정·이청길·이초록·이태목·이태석(마리우스)·
이태윤·이태율·이필원·이하정·이하진·이학성·이한별·이한빛·이한이·이해선·이해우·이헌표·
이현란·이현석·이현수 강한나·이현숙·이현엄빠·이현우김미은이유원·이현정·이현정(온유)·
이현주·이현희삼형제불량마미·이형수·이혜란·이혜련 이나영·이혜영·이혜정·이호진·이홍기·
이홍열·이효경·이효림·이효숙·이효정·이효진·이희나·이희열·이희정·이희태·인도앓이·
인선홍·인잉이오·인천 구리빛피부·인천 조현상·일일시호일·읽상조·임경원·임광수·임규현·
임리완·임미현·임상연·임선민·임선희·임성수·임성은·임성진·임성훈임수빈·임세원·임세환·
임소연·임수정·임수진·임연화·임영빈·임윤성·임윤재·임은정·임은진·임재광·임재연·임재원·
임재헌·임정은·임정호·임정훈·임종재·임지상·임지양·임지홍·임채영·임태열·임하임·임혜연·
임효영·임효정·임효진·자존심 이정훈·작은변화·잠돌AliceJoe·장나겸·장문경·장미정·장병교·
장상일·장서연·장성민·장성연·장성진·장수영·장수정·장수현·장승훈·장안나·장영숙·장영은·
장영주·장예원·장원(윤슬아빠)·장원(장월)·장원진·장윤경·장은정·장인곤·장인섭·장재춘·
장주성 신연경·장지연·장진영·장창현·장혁·장현석·장현아·장혜원·장혜진·장효경·장훈·
재원수진·잼며든 시도주·잼며든 신동주·잼사랑 한은미·잼시만이우리대통령·잼아재화이팅·
잼칠라사랑·잼칠라사랑냥·잼파따라꿈이룬예밍·전경선·전국대짱이혁신회의·전근영·전명숙·
전미영·전봉기·전봉식·전상희·전성준·전성헌 이승현·전세현 전세준·전세훈·전수은·전수현·
전영정·전영호·전옥희희·전은성·전은수·전은주·전은현·전인욱·전재윤·전정범·전종훈·
전주원·전주혜·전진현·전혐배·전혜수·전혜영·전혜완·전혜정·전혜준·전화현·절대지켜재명·
정가을·정경렬·정경호·정광섭·정광호·정구태·정규서·정나연·정다은·정다혜·정동식·정래혁·

정명호·정문경·정미옥·정민덕·정민정·정민준·정보근·정보라·정복덕·정봉원·정선경·정선민·
정선영·정선호·정성운·정세화·정수경·정수연·정수용·정수정·정수진·정수현·정순관·정승혜·
정연주·정영록·정영산·정옥미·정용우·정우인·정원교·정유경·정유선·정유현·정윤재윤·정은·
정은미·정은별·정은이·정은정·정은주·정은진이준·정의를 위하여·정의정·
정이랑/콜라팹시마미·정이량·정일석·정일주·정재균·정재민·정재선·정재영·정재우·정재욱·
정재훈·정정이·정제건·정주영·정중태연·정지연·정지영·정지원·정진원·정진하·정진홍·
정찬운·정창덕·정창훈·정태양·정태영·정태웅·정태종·정필남·정하경·정하은·정한솔·정해현·
정혁남·정현정·정현주·정현준·정현택·정혜영·정혜원·정혜인·정혜진·정화·정훈·정희언·
제다·제대로 한번 바꿔주·제롬에라·제리뽀뽀·제이제아아빠 김환석·제주도의푸른밤·조건상·
조경호·조규형·조덕현·조두리·조리보TV(조중현)·조만석·조명조치·조미영 신정우신민재·
조미혜·조민준·조민희·조부건·조부희·조삼만·조상미·조상원·조선아·조선우·조성균·조성민·
조성희·조송암·조수경·조수원·조순미·조승헌·조아지·조연우·조연희·조영미·조영주·조영준·
조영태·조영호·조예준조서율·조예지곽성만·조우진·조유시·조윤아 조해석·조은·조은숙·
조은실·조은영·조은정·조재동·조재욱·조정선·조정옥 심주연·조정택 박주영·조주현·조중현·
조지현·조진호·조채영·조하나·조하영·조현정·조현주·조현지·조현학·조형근·조혜영·조혜진·
조혜현·조효진·조희주·존돌부부·종연명숙·좌파외계인명희·주 Hee😊·주경선·주니·주도은·
주만노·주병학·주상범·주상진·주상훈과시몽이·주성호·주송이·주용지은다솔윤솔·주은하윤·
주재열·주창화·주카스튜디오·주하나·주하성·주현규·주현실·주호유미나겸지안은수·주홍진·
주희·주희경·지나·지안간돌·지용환·지윤우애비·지윤희·지정은 지희은·지지말고 일어서서·
지토·지혁준 심혜진·지현진·지훈·지희정·진기수·진병무·진병창·진상현·진승언·진주의 써니·
진현호·진환수민·짜리대디·쫑쫑이·찌주임·찐감자OV·찐콩·차길예·차남숙·차범희·차보람·
차상운·차성진·차수진·차영인·차영희·차유빈·차윤이·차일드맨·차준영·차진·차하진·차현석·
창서동·창연지호·창일연정수로수성·채송화·채아라·채아람·채영채이아빠·채인길·
채장경이종흔이연서·천영아·천우신조·천은희·천준권영·천천히 한민규·초코바닐라·최가윤·
최강(최라온)·최강나무·최건최인최유·최경득·최경림(원정민)·최경묵·최경선·최고·최광현·
최기원(재이아빠)·최기화·최다빈·최대원·최대일·최도원·최명진·최미진·최민규·최민수·
최범석·최병세·최병욱·최보겸·최보름·최빵시·최서빈·최선영·최선희·최성관·최성모·최성미·
최성현·최소희·최송아·최수영·최수정·최순혁·최아라·최연주·최열매·최영애·최영재·최영환·
최예은·최우석·최원석·최원일 목사 가족·최원종·최원태·최유라·최유준·최윤석·최윤아·
최윤정·최으뜸·최은경·최은미·최은지·최의선·최이슬·최일연·최입분수정조아·최장혁·최재민·
최재영·최재용·최재준·최점석·최정욱·최정운 강형순·최정원·최정은·최정임·최정훈·최정희·
최종수·최종인·최준락김진화·최준희·최지아·최지영·최지윤·최지현·최진형·최진실·최진아·
최진호·최철훈유희아영구름·최춘봉·최해정·최현묵·최현숙·최현우·최현욱·최현주·최혜경·

최혜련·최호선·최효영·최희섭·최희주·추규식·추정하·추혜정·치노·치르야·카나아빠엄마·
캐치스케치플레이고고·커피모짜렐라·케로·켄블루·코코집사·쿠우·타이거류·태건킴·태영경·
태이현·태이희라·태인다인·태정경현·태훈도솔신지신영·탬탬탬탬·토갱·토롱티비·토리아빠·
파란바다·파야·퍼니블랙·퐅누나형아·퐅이네·표정미인·푸들푸들라희·푸르미르맘방글·
푸른숲연서가족·푸른초장·푼군·피터래빗·핑크경쥬나영·하경혜·하나·하대은·하성재·
하세빠(최규하)·하용·하윤맘현숙·하은영·하이킹월드·하정훈·학봉정숙건희민지·한가람·
한경국·한금희·한남경·한대뾰·한미숙·한바람빛·한병학·한병희·한보원·한빛·한상철·
한상호·한상희·한샘·한서음·한소영·한승민·한영신·한예슬·한은지·한은형·
한음한성한설아빠·한재정·한정민·韓정윤 韓보윤·한주연·한주영·한준희·한중석·한진호·
한해솔·한현욱·한현희·할수있다이재명대통령·함께갑시다잼시·함께사는세상·
함께하는울산시민·함꿈재명·함산·함석영·함유패밀리·함현식·핫준율이사랑·해신·
해일의마녀들·해해·허강산·허강훈·허경영의마지막팬클럽·허나윤·허다영·허민우·허서영·
허선영·허성조·허수민·허수인·허수행·허은·허인영·허재윤·허재훈·허정회·허정훈·허준·
허지윤·허진수·허창구·허효정·현경식·현성균·현이별이아빠·현지훈·혜미·호랑해·호빵맨·
호연지기최홍석·호호엄마성유나·홀연영현·홍겸·홍기성·홍다다홍·홍민주·홍석호·홍성균·
홍성진·홍승수·홍승아·홍승우·홍승윤·홍연진·홍영준·홍예린·홍예지·홍은기·홍정선·홍종민·
홍준기은솔석준서지연·홍준혁·홍준석·홍준호·홍지성·홍진호홍성민김영아·홍혜진·황경삼·
황광호·황규일·황남웅·황병현·황보석·황보은·황삼희·황성근·황성수·황솔빈·황숙현·황영란·
황운서·황원태·황유진·황은미/황보혜·황일억·황재진·황정욱·황지현·황진·황현아·황혜민·
효니후니아빠진우·효진지안아빠·후지네드발·훈디·훈민정음·훈이림이찬이·흑임자·희망·
희망씨앗·희성의진·희움도은지음·힘내라 이재명·Alcgury·Alex Yoon·awesomegre·
Bonakang·Brian Park·CHAE RIN·cinekiru·Cloud J·CosmicMuki·Danny·David Oh·
Doozy·forme·HarryK·J Shin·January·Jasper·JBM·JC반담·JEanKing·jjeok·
JMLoveLove·Johnsohn·judeKim·Judy Park·JUSTASIM·JUSTINA·KNOWONJIN·
Kolbe·KWON JC·k육오팔삼·Lee jaewon·leeleelee·MAYA N IS·MJ 캐나다고영이·MJDAD·
MoBe·MOON PG·nana·Narralee·newlee·Noah·NOFREE 김범용·NoMorMercy·
PARAMITA·parkjaein·Peter OH·respect·reumreum·Riha·Ryan LIM·RYEENA·Sarah·
saturn김홍욱·SEHA K·SEM·shinestar·SoftBank·SOM·sonagisky·sonFAM 정한·Ssuk·
Surya·V·wildman·wool·Yikyunghee